Le Pouvoir Infini De Nos Pensées

Un rapport dynamique entre fini et infini

La pensée est l'outil que l'esprit utilise pour imaginer et créer la vie. L'univers vient de la pensée de Dieu. La pensée est l'action, l'opération du mental spirituel. La pensée est visualisation, la pensée est fait d' information, de codage universel. On met en image ce que l'on veut. L'Esprit est le matériau malléable de la pensée – la pensée est l'action créatrice de notre Esprit.

Heinz Duthel

Le Pouvoir Infini De Nos Pensées

Un rapport dynamique entre fini et infini

Bibliografische Information der Deutschen Nationalbibliothek:
Die Deutsche Nationalbibliothek verzeichnet diese Publikation in der Deutschen Nationalbibliografie; detaillierte bibliografische Daten sind im Internet über http://dnb.dnb.de abrufbar.

© 2017 Name des Autors/Rechteinhabers:
Heinz Duthel

Illustration: **Schriftsteller.club**
Herstellung und Verlag: BoD – Books on Demand, Norderstedt

ISBN: 9783744816632

1. Comment Créer Sa Vie Par La Pensée Et L'Action Positive
2. «esto enim 8 nota numeri infiniti»
3. Un rapport dynamique entre fini et infini
4. L'infiniment grand et l'infiniment petit
5. La place de l'homme dans l'univers
6. Pascal et les indivisibles
7. La classe des entiers naturels est un ensemble
8. L'enfer, c'est l'absence éternelle
9. Admirons les grands maîtres, ne les imitons pas
10. Aimer, c'est la moitié de croire
11. La moitié d'un ami, c'est la moitié d'un traître
12. Quand on est jeune, on a des matins triomphants
13. De mourir, ça ne me fait rien. Mais ça me fait de la peine de quitter la vie.
14. Tout est relatif, excepté l'infini.
15. Nous ne connaissons l'infini que par la douleur.
16. Tout dit dans l'infini quelque chose à quelqu'un.
17. Un infini de passions peut tenir dans une minute.

Ce savoir ancien, le pouvoir de l'Esprit dans nos vies,

tel un inestimable trésor de famille depuis longtemps perdu, est sur le point de réapparaître et de retrouver sa place au sein du système des valeurs de l'humanité".

La pensée est l'outil que l'esprit utilise pour imaginer et créer la vie. L'univers vient de la pensée de Dieu. La pensée est l'action, l'opération du mental spirituel. La pensée est visualisation, la pensée est fait d'information, de codage universel. On met en image ce que l'on veut. L'Esprit est le matériau malléable de la pensée – la pensée est l'action créatrice de notre Esprit.

La pensée est le moule, la forme et la configuration de nos croyances et de ce que l'on imagine comme désir et volonté. Nos pensées sont des programmes qui construisent notre perception et qui se focalisent sur des éléments extérieurs qui sont en correspondance avec nous. Dés lors tout ce que l'on pense et fait émergera dans notre futur.

Notre cerveau est le terreau, dans lequel l'on plante nos semences de pensée et d'idée. Si l'on sème de bonne pensée, l'on récolte de bonnes actions. Plus on sème de bonne semence plus on de chance de les voir se réaliser. Plus on arrose et envoi de l'énergie positive tel le soleil, plus nos semences vont grandir, et devenir a maturité

jusqu'aux temps de la récolte. Il est donc vrai de dire :
"On récolte ce que l'on sème".

La pensée positive est ce qui nous motive, ce qui nous pousse à l'action. Pensez et Agissez. Il faut actionnez nos pensée pour qu'il se matérialise. La pensée positive est la confiance absolu que cela va se réalisez – "C'est le matériau des choses désirez et l'espérance des choses encore invisible", mais visible dans notre monde intérieur – notre monde mental.

Notre pouvoir de penser est illimité. Notre pouvoir de penser est la seule vraie action de l'Esprit. L'Esprit n'arrête jamais car c'est la source de la vie. Sans penser il n'y a plus rien, plus de vie.

L'esprit est "l'air", qui alimente nos pensées. L'esprit est la substance de base, un champ de potentiel énergétique incroyable. La pensée est le "feu" de l'esprit mental. La pensée précède toujours nos actions. Tout ce que l'on fait provient de ce que l'on pense ou croit. L'Esprit est le matériau de la pensée et la pensé est le matériau de nos actions.

L'Esprit conscient est le photographe qui capture les images de notre monde. Il n'en tient qu'a nous de décider qu'elle image l'on veut garder dans notre mémoire et ce que l'on veut faire avec.

"L'Esprit est la cause et la pensée son effet" – "La pensée est la cause et l'action son effet" – "L'action est la cause et la manifestation son effet" – "La manifestation est la cause et notre réaction son effet''. Voyez bien et comprenez bien cette réaction en chaine.

"Prends conscience du pouvoir que possède ton esprit pour exaucer tes rêves. Quand tu auras fait cela, l'univers conspirera avec toi à te rendre ta vie magique. - Robin S. Sharma - Melki Rish

La notion d'infini a fortement marqué la pensée occidentale depuis le XVIIe siècle : Alexandre Koyré affirme que « la substitution d'un univers infini et homogène au cosmos fini et hiérarchiquement ordonné de la pensée antique et médiévale implique et nécessite la refonte des principes premiers de la raison philosophique et scientifique »

Les philosophes présocratiques étaient en fait les premiers physiciens (phusikoi). En effet, étant les premiers à avoir osé étudier la nature pour elle-même, ils en sont venus à instaurer une méthode d'analyse, de recherche et de réflexion qui deviendra plus tard celle des scientifiques et des philosophes. À cet effet, une grande partie du jargon scientifique encore utilisé à l'heure actuelle a été introduite par ces penseurs et avait à l'origine comme fonction d'exprimer les concepts indispensables pour faire progresser l'étude de la nature. Univers (kosmos), principe (archè)note 1, raison (logos), nature (phusis) sont autant d'outils avancés pour pénétrer au cœur des choses et en découvrir le mécanisme ; les fonctions traditionnelles des divinités, jusqu'alors conçues comme interventions externes, sont de ce fait naturalisées. Ces penseurs avaient donc comme objectif d'internaliser les principes gérant le fonctionnement du monde, et ainsi de trouver des explications inhérentes à la nature elle-même. À travers cet objectif, ils utiliseront directement ou indirectement le concept d'infini (apeiron)

L'infini est non engendré et non corruptible en tant que principe.

L'infini est principe de toute chose, il les dirige toutes. C'est que toute chose provient d'un principe ou est elle-même principe. D'une part, l'infini en tant que principe n'a lui-même pas de principe qui l'engendre, sa limite est celle de ne pas en avoir et il est donc non engendré. D'autre part, toute génération reçoit une fin et toute corruption a un terme. Or, non engendré, l'infini ne reçoit pas de fin et il est donc incorruptible.

Trois hypothèses existent quant à l'origine de ce choix.

La plus communément admise est qu'il s'agit d'une évolution du chiffre désignant '1000' dans la numération romaine : successivement ¬, puis ¬ (aussi représenté par les symboles CI¬), avant de devenir M. L'évolution graphique du deuxième symbole aurait donné 8 infin. Parallèlement on note l'emploi du mot latin mille au pluriel pour désigner un nombre arbitrairement grand et inconnu. On notera l'expression française encore utilisée aujourd'hui « des mille et des cents » rappelant cet usage. Le symbole actuel serait donc simplement l'évolution de la ligature minuscule ci¬ en écriture manuscrite onciale.

Une hypothèse concurrente est que le symbole serait issu de la lettre grecque ¬, dernière lettre de l'alphabet grec, et métaphore courante pour désigner l'extrémité finale (comme dans l'expression l'alpha et l'oméga). Depuis Georg Cantor on utilise d'ailleurs des lettres grecques pour désigner les nombres ordinaux infinis. Le plus petit ordinal infini, qui correspond au bon ordre usuel sur les entiers naturels, est noté ¬.

Enfin, Georges Ifrah, dans son encyclopédie « L'histoire universelle des chiffres », explique que la graphie de l'infini remonte à la civilisation indienne, et plus particulièrement à la mythologie indienne. L'Ananta (terme sanskrit qui signifie infini), le « serpent infini » du dieu Vishnu, est représenté enroulé sur lui-même à la manière d'un « huit renversé ».

Notons que l'on peut en obtenir un très bel exemplaire en traçant la Lemniscate de Bernoulli, courbe élégante et simple aux multiples propriétés dont celle d'être parcourue infiniment.

Comme le suggère Leibniz, un infinitésimal serait une quantité d'espace ou de temps si petite qu'il n'en existerait pas une inférieure de sorte qu'il serait impossible de la diviser en deux quantités finies. Or, Russell rejette la possibilité en mathématique de manipuler des quantités infinitésimales, à savoir des quantités telles que « toute distance finie quelconque lui soit supérieure »[103]. Selon Russell, l'erreur d'imagination menant à la croyance des infinitésimaux consiste à penser que, à la fin de l'opération de découpage en deux de l'espace et du temps, les distances et les périodes ne soient plus divisibles en quantités finies. De là, il existerait des quantités infiniment petites manipulables en mathématique. Or, Russell rappelle que la divisibilité infinie ne permet pas de conclure à l'existence d'un dernier terme dans une opération qui par définition est sans fin.

Russell explicite en ce sens l'erreur logique consistant à interpréter l'énoncé vrai « pour toute distance finie note 4, il y a une distance inférieure » par l'énoncé faux « il y a une distance telle que, quelque distance finie que nous puissions choisir, la distance en question est inférieure ». Du point de vue de la logique formelle, il s'agit là d'une inversion des quantificateurs universel et existentiel opérant dans la proposition. En effet, la proposition fausse veut faire dire « il existe une distance plus petite que toute distance finie », l'infinitésimal, alors que la proposition vraie veut dire « pour toutes distances, il existe une distance finie plus petite », ce qui implique l'impossibilité de l'infinitésimal. Par la méthode analytico-logique, Russell parvient donc à mettre de l'ordre dans la compréhension des infinitésimaux en vue de rejeter leur nécessité pour opérationnaliser le calcul infinitésimal.

Kant caractérise une série infinie par le fait qu'on ne peut jamais la synthétiser successivement au complet. Par extension, c'est affirmer que la série des nombres naturels, à savoir la somme des termes de la suite des entiers positifs à partir de zéro, est infinie parce qu'elle ne peut se compléter dans un temps fini par l'homme, qui est fini. Or, Russell soutient que la notion d'infini « est avant tout une propriété de classes, et n'est que secondairement applicable aux séries »101. C'est qu'une série, par définition, tient compte de l'ordre successif des éléments la constituant de sorte qu'il y a toujours au moins un élément qui lui échappe lorsqu'elle est infinie. Au contraire, à la manière d'un concept, une classe renvoie à chacun des éléments la constituant, ce qui permet de capturer l'infini mathématique sans en avoir fait la synthèse. Russell fait ressortir par là l'erreur consistant à comprendre l'infini à partir de notre propre finitude au lieu de le considérer comme le caractère propre du nombre en tant qu'objet logico-mathématique.

Zénon affirme que l'espace et le temps sont indivisibles en points et en instants dans les contextes fini et infini. Selon Russell, si l'espace et le temps consistent en un nombre fini de points et d'instants, alors les arguments de Zénon contre la thèse que l'espace et le temps sont composés de points et d'instants sont tout à fait valables. En mathématique, le calcul infinitésimal est l'outil fondamental de l'étude des corps en mouvement dans l'espace en fonction du temps. Or, le calcul infinitésimal présuppose que l'espace et le temps ont une structure en points et en instants. Au sens de Zénon, le calcul infinitésimal est donc logiquement infondé. Or, Russell montre que si l'espace et le temps consistent en un nombre infini de points et d'instants, alors les paradoxes de Zénon n'ébranlent plus les mathématiques à cet égard. Le présupposé essentiel du calcul infinitésimal conserve ainsi sa légitimité philosophique. Russell souligne cependant que la tradition a longtemps négligé la thèse selon laquelle le monde est composé d'un nombre infini de points et d'instants à cause des contradictions qu'impliquait une notion naïve de l'infini.

En mathématiques, dans le domaine de la théorie des ensembles, l'axiome de l'infini est l'un des axiomes de la théorie des ensembles de Zermelo-Fraenkel, qui assure l'existence d'un ensemble infini, plus précisément d'un ensemble qui contient une représentation des entiers naturels. Il apparait dans la première axiomatisation de la théorie des ensembles, publiée par Ernst Zermelo en 1908, sous une forme cependant un peu différente de celle exposée ci-dessous.

Il existe plusieurs variantes de l'axiome, suivant par exemple que l'on dispose de la notion d'ordinal ou non. Une façon très intuitive serait de dire qu'un ensemble qui représente celui des entiers naturels existe. En fait on a juste besoin d'affirmer qu'un ensemble ayant pour éléments des représentations des entiers naturels (et éventuellement d'autres) existe.

Pour représenter les entiers naturels, on utilise un 0 et une opération successeur. Suivant les idées de von Neumann, on va représenter 0 par l'ensemble vide (qui a 0 éléments) et le successeur par la fonction $x \neg x \neg \{x\}$, qui à un ensemble associe celui obtenu en ajoutant l'ensemble de départ comme élément (et qui vérifie intuitivement que si x a n éléments, alors $x \neg \{x\}$ en a $n + 1$). L'existence de l'ensemble vide est assurée par un axiome ad hoc, ou par d'autres axiomes de la théorie. Pour un ensemble x donné, on peut former le singleton {x} par l'axiome de la paire, et la réunion x ¬ {x} par l'axiome de la réunion et à nouveau l'axiome de la paire.

On a évidemment que le successeur de tout ensemble est non vide : pour tout ensemble x, x ¬ {x} ¬ ∅. On montrera ensuite que, sur les entiers au moins, la fonction successeur est bien injective, ce qui assurera, avec la précédente propriété, qu'un ensemble qui contient 0 et le successeur de chacun de ses éléments contient bien une copie des entiers, et donc est infini au sens intuitif. On prendra d'ailleurs cette représentation comme définition des entiers en théorie des ensembles.

L'axiome s'écrit donc :

Il existe un ensemble auquel appartient l'ensemble vide et qui est clos par application du successeur x ¬ x ¬,

c'est-à-dire dans le langage formel de la théorie des ensembles (le calcul des prédicats du premier ordre égalitaire avec pour seul symbole non logique celui pour l'appartenance, « ¬ ») :

¬ A Cl (A)

où Cl(Y) est le prédicat « ∅ ¬ Y et ¬ y », exprimant « Y est clos par successeur et ∅ lui appartient » (pour les abréviations « ∅ ¬ Y » et « y ¬ {y} ¬ Y », définies à partir de ¬, voir Axiome de l'ensemble vide, Axiome de la paire et Axiome de la réunion).

Informellement, l'ensemble A dont l'axiome de l'infini affirme l'existence contient pour chaque entier naturel un représentant, que l'on va prendre comme définition en théorie des ensembles. Par exemple 1 étant successeur de 0, et le singleton d'élément l'ensemble vide (c'est-à-dire 0) :

$$1 = 0 \neg \{0\} = \emptyset \neg \{\emptyset\} = \{\emptyset\} = \{0\}.$$

De même, 2 en tant que successeur de 1, est la paire :

$$2 = 1 \neg \{1\} = \{0\} \neg \{1\} = \{\emptyset, \{\emptyset\}\} = \{0,1\},$$

« et ainsi de suite ». L'existence de chacun de ces entiers est assurée sans axiome de l'infini. Une conséquence de cette « définition » (pour l'instant intuitive et informelle) est que chaque nombre entier est égal à l'ensemble de tous les nombres entiers qui le précèdent.

Pour formaliser le « et ainsi de suite », définissons le prédicat $E\,n\,t\,(\,x\,)$.

Dans toute la suite, nous appellerons « entiers naturels » — ou « entiers » — les éléments x vérifiant Ent(x).

Avec cette définition, 0 est un « entier » — formellement : on a Ent(0) — et le successeur x+ de tout « entier » x est un « entier » — Ent(x) $\neg$ Ent(x+), et l'axiome de l'infini équivaut à c'est-à-dire :

La classe des entiers naturels est un ensemble.
En effet :

soit A un ensemble vérifiant Cl(A) dont l'existence est assurée par l'axiome de l'infini. Alors, l'existence de l'ensemble ¬ est assurée par le schéma d'axiomes de compréhension et son unicité par l'axiome d'extensionnalité, en définissant ¬ comme l'intersection (donc le plus petit au sens de l'inclusion) de tous les ensembles contenant 0 et clos par successeur (A n'intervient que pour pouvoir définir ¬ en tant qu'ensemble, mais ¬ ne dépend pas de A) :

¬ = { x ¬ A | Ent(x) } ;

réciproquement, soit ¬ un ensemble dont les éléments sont les entiers naturels. Alors, ¬ vérifie Cl(¬).

La définition même de l'ensemble ¬ donne un énoncé du principe de récurrence sur les entiers : tout ensemble auquel 0 appartient et qui est clos par successeur est un sur-ensemble de ¬. On peut en donner un énoncé un peu plus familier mais équivalent en théorie des ensembles par le schéma de compréhension, on note x+ le successeur de x, on a alors pour une propriété arbitraire exprimée dans le langage de la théorie des ensembles par la formule P x a1...ak (pas d'autre variable libre) :

¬ a1, ... ,ak{ [P 0 a1...ak et ¬ y ¬ ¬ (P y a1...ak ¬ P y+ a1...ak)] ¬ ¬ x ¬ ¬ P x a1...ak }

(toute propriété vraie en 0 et qui passe au successeur sur les entiers est vraie pour tous les entiers).

Par exemple : tout élément de ¬ est un ordinal fini.

La récurrence est valide pour toute propriété exprimée dans le langage de la théorie des ensembles. Ce n'est pas anodin : cela fait de cette récurrence une propriété beaucoup plus forte que la récurrence de l'arithmétique de Peano (comme théorie du premier ordre), le langage de la théorie des ensembles étant strictement plus expressif que celui de l'arithmétique de Peano.

On pourrait croire, d'après les résultats précédents, qu'il n'y aurait qu'une seule cardinalité infinie. Mais Cantor démontre (voir Théorème de Cantor pour une analyse détaillée) qu'il n'y a pas de surjection − et donc pas de bijection − entre un ensemble B et son ensemble des parties (P(B)). Cela est assez évident pour les ensembles finis, par contre, pour les infinis, il faut opérer une reduction ad absurdum et une construction (non effectuée ici). Le résultat auquel arrive Cantor est que, la cardinalité de N < la cardinalité de P(N) < celle de P(P(N))... la cardinalité de N est ¬ 0 , alors que celle de son ensemble des parties est de 2 etc. Ainsi, ¬ 0 < 2 ¬ 0 < 2 2 ¬ 0 ...

Cependant, Cantor veut faire mieux que de dresser une telle hiérarchie : il veut construire la suite des alephs où chaque nouvel aleph est le successeur immédiat du précédent. Il aura besoin, pour ce faire, des ordinaux.

La théorie des ensembles se donne comme primitives les notions d'ensemble et d'appartenance, à partir desquelles elle reconstruit les objets usuels des mathématiques : fonctions, relations, entiers naturels, relatifs, rationnels, nombres réels, complexes... C'est pourquoi la théorie des ensembles est considérée comme une théorie fondamentale dont Hilbert a pu dire qu'elle était un « paradis » créé par Cantor pour les mathématiciens.

En plus de proposer un fondement aux mathématiques, Cantor introduisait avec la théorie des ensembles des concepts radicalement nouveaux, et notamment l'idée qu'il existe plusieurs types d'infini que l'on peut mesurer et comparer au moyen de nouveaux nombres (ordinaux et cardinaux).

À cause de sa modernité, la théorie des ensembles fut âprement controversée, notamment parce qu'elle postulait l'existence d'ensembles infinis, en contradiction avec certains principes des mathématiques constructives ou intuitionnistes.

Au début du XXe siècle, plusieurs facteurs ont poussé les mathématiciens à développer une axiomatique pour la théorie des ensembles : la découverte de paradoxes tels que le paradoxe de Russell, mais surtout le questionnement autour de l'hypothèse du continu qui nécessitait une définition précise de la notion d'ensemble. Cette approche formelle conduisit à plusieurs systèmes axiomatiques, le plus connu étant les axiomes de ZF, mais également la théorie des classes de von Neumann ou la théorie des types de Russell.

L'axiome du choix est apparu explicitement dans une publication de Ernst Zermelo de 1904, c'est-à-dire avant la parution de son axiomatisation de la théorie des ensembles. L'axiome du choix est en effet d'une nature différente des autres axiomes de la théorie des ensembles énoncés ultérieurement, et qui résultent pour la plupart d'une analyse soignée de la compréhension non restreinte. En effet l'axiome du choix ne donne pas de définition explicite de l'ensemble construit (ensemble de choix ou fonction de choix suivant les versions). D'autre part, dans son article de 1904, Zermelo démontre avec l'axiome du choix son fameux théorème qui énonce que tout ensemble peut être bien ordonné, proposition qui n'a rien d'intuitivement évident, ne serait-ce que pour l'ensemble des réels. L'axiome du choix était utilisé tacitement au moins par Georg Cantor, mais la publication de Zermelo déclenche des débats passionnés chez les mathématiciens de l'époque3.

L'axiome du choix est par ailleurs très lié à l'infini mathématique, en effet l'axiome du choix est intuitivement vrai pour un nombre fini de choix, et d'ailleurs tout à fait démontrable dans ce cas à partir des autres axiomes de la théorie des ensembles. Or nous sommes autour de 1904 en plein dans la controverse déclenchée par la découverte des paradoxes4. Diverses conceptions de l'infini mathématique s'affrontent alors. Cela ira jusqu'à la remise en cause radicale des fondements des mathématiques par Luitzen Egbertus Jan Brouwer, fondateur de l'intuitionnisme, qui écarte le principe du tiers exclu, qui se situe bien en amont de l'axiome du choix. Cependant à l'époque, certains mathé-maticiens qui ne vont pas aussi loin et acceptent cer-taines formes de raisonnement non constructif, se méfient de l'axiome du choix. Émile Borel écrit encore en 1950 : « C'est déjà un résultat important obtenu par les adversaires de l'axiome de Zermelo que tous ceux qui admettent cet axiome prennent le soin, lorsqu'ils obtiennent un théorème nouveau, de spécifier si la démonstration de ce théorème exige ou non l'utilisation de l'axiome de Zermelo. Cet axiome a ainsi créé une branche séparée des mathématiques ; l'importance et l'intérêt de cette branche décideront de son sort. » On peut quand même dire qu'aujourd'hui, vu justement son utilisation dans des branches importantes des mathématiques, l'axiome du choix est largement accepté.

Ceci d'autant plus que l'on sait d'après les travaux de Gödel que d'admettre l'axiome du choix n'est pas plus « risqué », au sens où il montre que si la théorie ZFC était incohérente la théorie ZF le serait aussi.

On a identifié par ailleurs des restrictions de l'axiome du choix, comme l'axiome du choix dénombrable (qui permet par exemple de montrer qu'une réunion dénombrable d'ensembles dénombrables est dénombrable), lui-même conséquence de l'axiome du choix dépendant (qui permet par exemple de montrer l'existence d'une suite infinie décroissante pour une relation non bien fondée). Ainsi Robert Solovay a publié en 1970 la cohérence de la théorie ZF + axiome du choix dépendant + tout sous-ensemble des réels est Lebesgue-mesurable, théorie contredisant donc l'axiome du choix dans toute sa généralité, relativement à la théorie ZF + il existe un cardinal inaccessible (un renforcement de la théorie ZF qui permet de montrer la cohérence de ZF)[7]. Cependant, l'axiome du choix dénombrable est insuffisant en géométrie algébrique, car le traitement des corps algébriquement clos requiert le lemme de Zorn équivalent à l'axiome du choix ; donc le théorème selon lequel tout corps peut être plongé dans un corps algébriquement clos est fondé sur l'axiome du choix général8.

Un des meilleurs exemples des étrangetés auquel conduit l'axiome du choix est certainement le paradoxe de Banach-Tarski, publié en 1924 qui, en utilisant l'axiome du choix, affirme qu'on peut découper une sphère en un nombre fini de morceaux, les déplacer par une suite de mouvement rigides (translation et rotation), en permettant à certaines pièces d'en traverser d'autres et de les rassembler en formant deux copies de la sphère d'origine. Ceci semble contredire l'intuition physique que nous avons de la notion de volume, mais le paradoxe de Banach-Tarski fait intervenir des parties non mesurables.

Les Pensées sont un essai de Blaise Pascal rassemblant des papiers retrouvés après sa mort. Cette œuvre est principalement une apologétique, c'est-à-dire une défense de la religion chrétienne contre les sceptiques et les libres penseurs.

Le projet apologétique de Pascal montre que l'Homme, dans son orgueil et son amas de concupiscence, ne peut trouver la paix intérieure et le véritable bonheur qu'en Dieu. Selon lui, c'est la relation brisée entre l'Homme et son Créateur qui produit chez l'humain l'insatisfaction constante de la vie qu'il mène et le désir d'oublier, par le « divertissement », qu'il est mortel et a besoin de la Grâce. Pascal soutient que l'Homme est à la fois misère et grandeur, rien et tout, limité bien qu'aspirant à l'infini. Sa capacité de penser, son désir de l'illimité et sa quête insatiable de bonheur sont la trace laissée par Dieu dans son esprit qu'il a été créé pour le connaître et l'aimer.

Pascal n'a pas de mots assez durs pour en parler : c'est l'un des « principes d'erreur » ; « maîtresse d'erreur et de fausseté », « superbe puissance ennemie de la raison », et il suffit d'un rien, d'« une mouche [qui] bourdonne à ses oreilles » pour que « la puissante intelligence qui gouverne les villes et les royaumes » perde le fil de son raisonnement. Son pouvoir est tel qu'elle a une emprise sur l'homme en dehors même de tout support, au point que les rois lui paraissent puissants, car il sait qu'ils le sont : « le monde qui ne sait pas que cet effet vient de cette coutume croit qu'il vient d'une force naturelle ».

Ainsi, « tout le monde est dans l'illusion » et accorde une place exagérée à l'apparence, l'une des causes de l'imagination et des variations de l'homme qui s'ensuivent : « [il] ne branl[e] que par secousses »

Les apparences sont très puissantes elles aussi et découlent de l'imagination : elles occultent la raison et prennent pour vérité ce qui n'est dû qu'au hasard; elles donnent crédibilité aux « sciences imaginaires », celles des médecins et des juges qui doivent compter sur le prestige de leur habit pour avoir quelque crédit. Dès lors, il n'est pas étonnant que la principale préoccupation de l'homme soit de s'enrichir de biens matériels : « Toutes les occupations de l'homme sont à avoir du bien ». Il manque donc totalement de lucidité et ne se rend pas compte de la « vanité » de ce qui n'est pas Dieu, c'est-à-dire de tout, même des sciences, desquelles Pascal a toujours essayé de se détacher pour parfaire sa quête spirituelle. L'auteur revient à plusieurs reprises sur l'aveuglement des hommes, s'étonnant « qu'une chose aussi visible qu'est la vanité du monde soit si peu connue » ou encore « de voir que tout le monde n'est pas étonné de sa faiblesse » . L'homme évite de réfléchir, cherchant des accommodements avec la vérité, tout persuadé « qu'il est [d'être] dans la sagesse naturelle ».

Combien il en est loin, pourtant ! Mais si l'homme est perpétuellement dans le faux, pris dans les filets de l'imagination, c'est que « rien ne lui montre la vérité » ; car il a d'autres sources d'erreurs que l'imagination et la puissance des apparences, que Pascal passe rapidement en revue : ce sont les passions, notre intérêt, l'instruction, les sens et même les maladies. Bref, la vérité se dérobe : « On rêve souvent qu'on rêve » à cause du manque de réflexion.

Ainsi l'homme a-t-il bien plus ou moins conscience que sa « durée vaine et chétive » est insoutenable. Il lui faut donc éviter de penser.

La conscience de sa misère

C'est le point essentiel, mais cette conscience n'est permise qu'aux « habiles » qui ont compris leur faiblesse. C'est pourquoi la grandeur de l'homme est inséparable de sa misère : « à mesure que les hommes ont de lumière, ils trouvent et grandeur et misère en l'homme » . Ils peuvent ainsi « se [couvrir] de honte » et reconnaître leur ignorance, « l'ignorance naturelle qui est le vrai siège de l'homme » . Il s'agit d'une « ignorance savante qui se connaît » et qui distingue les « habiles », seuls capables d'une « pensée de derrière », c'est-à-dire d'une réflexion avec du recul. Ces derniers arrivent ainsi au même résultat que le peuple, c'est-à-dire à l'ignorance, mais par un détour par la connaissance. L'homme « habile » connaît les « misères d'un roi dépossédé » , car il a compris qu'il est « déchu d'un meilleure nature qui lui était propre autrefois », c'est-à-dire avant le péché originel. Et cette nature d'autrefois, d'avant la chute, il doit s'efforcer de la retrouver en mourant au monde pour renaître en Dieu.

La raison et le cœur

Pour cela, il peut s'appuyer sur la « raison » et s'efforcer de penser juste en faisant confiance à son propre jugement malgré les difficultés : « il faut préférer nos lumières à celles de tant d'autres et cela est hardi et difficile » . Pourtant ce serait une erreur de s'en remettre totalement à la raison car elle n'est pas « raisonnable »: elle n'admet pas sa propre finitude et il faudrait se conduire « comme s'il n'y avait que la seule raison capable de nous instruire » . Elle aussi est source d'illusion et peut, par exemple, faire prendre les sciences pour la vérité, ce qui est exact. Le « cœur » est d'un ordre différent (« Nous connaissons la vérité non seulement par la raison mais encore par le cœur »,) ; il permet de connaître Dieu en donnant accès aux « premiers principes » — ce à quoi n'arriveront jamais les pyrrhoniens qui se contentent de raisonner. Pascal s'inscrit là dans un débat qui court depuis saint Augustin et affirme la priorité de l'amour sur la connaissance.

Si Pascal dit « C'est le cœur qui sent Dieu et non la raison.» [Lafuma 424 — Brunschv. 278], il dit aussi « Le cœur sent qu'il y a trois dimensions dans l'espace» (Lafuma 110 - Brunsch. 282) . Joseph Malègue rapproche ceci dans un appendice posthume à son livre Augustin ou Le Maître est là des formes a priori de la sensibilité de Kant dans l'Esthétique transcendantale et poursuit : « Pascal attribuait comme Kant, une origine extra-intellectuelle aux cadres les plus généraux de l'intuition sensible5.». Il y a de même chez Kant les postulats de la raison pratique : la liberté, Dieu et l'immortalité… Pour Malègue, « la pensée de Kant, vraie en principe, est trop étroite et Pascal, cent trente ans auparavant, l'élargissait6.». À l'intuition des dimensions de l'espace s'ajoutent les intuitions morales comme « un amour de Dieu direct », « l'attrait de Dieu, la passion de Dieu, celle que les saints ont éprouvée, infiniment rare6… ». Puis d'autres sentiments qui en sont l'atténuation (et parmi lesquels on retrouve quelque chose des postulats kantiens) : « le désir de donner un sens à la douleur, de dominer la mort et de l'intégrer dans les permanences, de trouver d'autres sanctions que de justice terrestre, par exemple encore, cet obscur et fréquent désir de Dieu, parent pauvre de l'amour direct, auquel Pascal nous a appris qu'il ressemblait (il ne nous l'a pas appris, les grands moralistes chrétiens l'avaient dit avant lui, mais il l'a redit en termes d'un si violent relief : Tu ne me chercherais pas... que c'en est une seconde naissance6 ».) Pour Malègue, « toutes ces intuitions morales, Kant en a eu l'idée, mais dans sa raideur piétiste et la psychologie évidemment incomplète de son époque, il les a réduites au désir d'accord entre le bonheur et la vertu. »

La pensée

En bref, l'homme doté de raison, mais surtout susceptible d'ouvrir son cœur, est capable de s'ouvrir à Dieu. C'est cette capacité que Pascal nomme la « pensée » et qui fait son humanité : « je ne puis concevoir l'homme sans pensée. Ce serait une pierre ou une brute »

. L'homme a en lui le pouvoir de dépasser sa « misère » (« L'homme passe l'homme », et de trouver « la vérité [qui] loge dans le sein de Dieu » . Pascal se positionne en faveur de Dieu ici.

La place de l'homme dans l'univers

Cette quête est très difficile. Pour la mener à bien, il lui faut d'abord trouver son point d'équilibre (« Il faut trouver le point »,) et mesurer sa juste place dans le monde

: il faut que « l'homme maintenant s'estime à son prix ». C'est la pensée qui permet cette évaluation : « Par l'espace, l'univers me comprend et m'engloutit comme un point ; par la pensée, je le comprends » — notons le double sens de la dernière occurrence du verbe comprendre qui montre l'indéniable supériorité du « roseau pensant » sur la matière. Mais il convient de déterminer la nature de l'homme : est-il un ou divers (61 et 99) ¬ et de se livrer à un angoissant questionnement métaphysique : « car il n'y a point de raison pourquoi ici plutôt que là, pourquoi à présent plutôt que lors » . L'homme doit donc prendre conscience qu'il n'est « pas un être nécessaire » . Ce qui invite à l'humilité, qualité indispensable pour parvenir à Dieu.

Un idéal de mesure

Ayant pris conscience de sa petitesse, l'homme doit donc faire preuve de modestie, vertu que l'on doit déjà transmettre aux enfants sans chercher à les flatter . Pour trouver le bonheur, l'homme doit ensuite borner ses désirs car « c'est être malheureux que de vouloir et ne pouvoir ». Cet idéal rejoint celui de l'honnête homme, modèle de la période classique, qui réfrène tout excès : l'auteur revient souvent, parfois à l'aide d'images triviales (comme celle du vin, au fragment 35) sur le « trop » qui empêche une juste appréciation. Pascal, mathématicien et philosophe, répète plusieurs fois la nécessité de « régler sa vie » (68 mais aussi 91 et 109), ce que seule permet la pensée : rien de plus humain donc que cette mesure de l'homme qui a su précisément mesurer quelle était sa place (« je dois chercher ma dignité [...] du règlement de ma pensée »,). L'honnêteté est un premier pas dans la vie chrétienne. Et la justesse débouche sur la justice, « qualité spirituelle » qui conduit elle-même à la vérité, mais ce but est difficile à atteindre : « La justice et la vérité sont deux pointes si subtiles que nos instruments sont trop mousses pour y toucher exactement »

L'infini

L'infini apparaît chez Pascal dans les œuvres de géométrie (les écrits sur les coniques et les Lettres de A. Dettonville sur la roulette), mais aussi dans les Pensées (Transition 4 - Laf. 199, Sel. 230), Disproportion de l'homme ; Preuves de Jésus-Christ 11 (Laf. 308, Sel. 339) sur les trois ordres, et dans Preuves par discours I (Laf. 418, Sel. 680) sur l'argument du pari, pour ne citer que les plus célèbres). Dans chacun de ces textes, il reçoit un traitement différent.

Sur les coniques, il faut se reporter à l'étude de Taton René, "L'œuvre de Pascal en géométrie projective" in L'œuvre scientifique de Pascal, Centre International de synthèse, Paris, Presses Universitaires de France, 1964, p. 17-72. Voir aussi Le Goff Jean-Pierre, "De la perspective à l'infini géométrique", in Les infinis, Pour la science, n° 278, décembre 2000, p. 66-72.
Sur la doctrine des indivisibles mise en œuvre dans les Lettres de A. Dettonville, voir Costabel Pierre, "Essais sur les secrets des Traités de la roulette", in L'œuvre scientifique de Pascal, Centre International de synthèse,

p. 168-206 ; Merker Claude, Le chant du cygne des indivisibles. Le calcul intégral dans la dernière œuvre scientifique de Pascal, 2001 ; Descotes Dominique, Blaise Pascal. Littérature et géométrie, 2001.

Sur l'opuscule De l'esprit géométrique, voir l'introduction de J. Mesnard dans les Œuvres complètes de Pascal, III, Paris, Desclée de Brouwer, 1991, p. 376-387, et Gardies Jean-Louis, Pascal entre Eudoxe et Cantor, Paris, Vrin, 1984.

Pascal n'utilise pas le symbole ¥, qui semble dû à John Wallis ; voir son De sectionibus conicis, Opera mathematica, I, p. 297 sq.

Depuis l'Antiquité, on distingue deux sens du mot infini, selon qu'on l'entend de l'infini en acte, ou actuel, ou de l'infini en puissance, ou virtuel. Voir sur ce point Gilbert Thérèse et Rouche Nicolas, La notion d'infini, p. 15 sq.

On distingue aussi l'infini catégorique (ou catégorématique) et l'infini syncatégorique (ou syncatégorématique). Voir Lalande, Vocabulaire..., p. 124.

Infini potentiel
L'infini potentiel est une grandeur qui reste toujours finie, mais si énorme à notre égard qu'elle paraît infinie.

Voir Heath Thomas, Mathematics in Aristotle, Bristol, Thoemmes Press, 1998, p. 102 sq. Dans notre pensée l'accroissement ne s'arrête jamais : il n'y a pas de nombre assignable, si grand soit-il, auquel on ne puisse ajouter l'unité, ni d'espace si grand auquel on ne puisse en pensée ajouter une longueur donnée : p. 104. L'infini virtuel ou en puissance est donc ce au-delà duquel il y a toujours quelque chose.

Martinez Javier de Lorenzo, "Les mathématiques, science de l'infini", in Les infinis, Pour la science, n° 278, décembre 2000, p. 24-29. L'infini potentiel est lié à la faculté de l'esprit d'aller toujours plus loin, dans la suite des successeurs d'un nombre entier naturel.

C'est ce que Pascal montre dans l'opuscule De l'esprit géométrique, § 22-23, OC III, éd. J. Mesnard, p. 402, où il fait voir comment le temps, l'espace, le mouvement et les nombres sont infinis en ce sens, par le fait que l'on peut toujours ajouter une unité à un nombre, un pas à une distance aussi grande qu'on voudra, ou un instant à une durée si longue soit-elle.

§ 22. « [...] Ainsi il y a des propriétés communes à toutes choses, dont la connaissance ouvre l'esprit aux plus grandes merveilles de la nature.

23. La principale comprend les deux infinités qui se rencontrent dans toutes : l'une de grandeur, l'autre de petitesse.

Car quelque prompt que soit un mouvement, on peut en concevoir un qui le soit davantage, et hâter encore ce dernier ; et ainsi toujours à l'infini, sans jamais arriver à un qui le soit de telle sorte qu'on ne puisse plus y ajouter. Et au contraire, quelque lent que soit un mouvement, on peut le retarder davantage, et encore ce dernier ; et ainsi à l'infini, sans jamais arriver à un tel degré de lenteur qu'on ne puisse encore en descendre à une infinité d'autres, sans tomber dans le repos.

De même, quelque grand que soit un nombre, on peut en concevoir un plus grand, et encore un qui surpasse le dernier ; et ainsi à l'infini, sans jamais arriver à un qui ne puisse plus être augmenté. Et au contraire, quelque petit que soit un nombre, comme le centième ou la dix millième partie, on peut encore en concevoir un moindre, et toujours à l'infini, sans arriver au zéro ou néant.

De même, quelque grand que soit un espace, on peut en concevoir un plus grand, et encore un qui le soit davantage ; et ainsi à l'infini, sans jamais arriver à un qui ne puisse plus être augmenté. Et au contraire, quelque petit que soit un espace, on peut encore en considérer un moindre, et toujours à l'infini, sans jamais arriver à un indivisible qui n'ait plus aucune étendue.

Il en est de même du temps. On peut toujours en concevoir un plus grand sans dernier, et un moindre, sans arriver à un instant et à un pur néant de durée.

C'est à dire, en un mot, que quelque mouvement, quelque nombre, quelque espace, quelque temps que ce soit, il y en a toujours un plus grand et un moindre : de sorte qu'ils se soutiennent tous entre le néant et l'infini, étant toujours infiniment éloignés de ces extrêmes. »

Pascal se rappelle sans doute ce qu'écrit Girard Desargues au début et en conclusion de son Brouillon projet d'une atteinte aux événements des rencontres du cône avec un plan 1639) ; voir l'édition de René Taton, L'œuvre mathématique de Girard Desargues, Paris, PUF, 1951, p. 99 : « Chacun pensera ce qui lui semblera convenable ou de ce qui est ici déduit, ou de la manière de le déduire, et verra que la raison essaie à connaître des quantités infinies d'une part ; ensemble des si petites que leurs deux extrémités opposées sont unies entre elles, et que l'entendement s'y perd, non seulement à cause de leurs inimaginables grandeur et petitesse, mais encore à cause que le raisonnement ordinaire le conduit à conclure des propriétés dont il est incapable de comprendre comment c'est qu'elles sont ». Voir p. 179, mêmes idées : « En géométrie on ne raisonne point des quantités avec cette distinction qu'elles existent ou bien effectivement en acte, ou bien seulement en puissance, ni du général de la nature avec cette décision, qu'il n'y ait rien en elle, que l'entendement ne comprenne. À propos de la droite infinie, l'entendement se sent vaguer en l'espace duquel il ne sait pas d'abord s'il continue toujours, ou s'il cesse de continuer en quelque endroit. Afin de s'en éclaircir, il raisonne par exemple en cette façon ; ou bien l'espace continue toujours, ou bien il cesse de continuer en quelque endroit ; s'il cesse de continuer en quelque endroit, où que ce puisse être, l'imagination y peut aller en temps. Or jamais l'imagination ne peut aller en aucun endroit de l'espace, auquel cet espace cesse de continuer ; donc l'espace et conséquemment la droite continuent toujours. Le même entendement raisonne encore et conclut les quantités si petites que leurs deux extrémités opposées sont unies entre elles, et se sent incapable de comprendre l'une et l'autre de ces deux espèces de quantités, sans avoir sujet de conclure que l'une ou l'autre n'est point en la nature, non plus que les propriétés, qu'il a sujet de conclure de chacune d'elles encore qu'elles semblent impliquer, à cause qu'il ne saurait comprendre comment elles sont telles qu'il les conclut par des raisonnements ». Voir Desargues Girard, Œuvres, éd. Poudra, p. 103-104.

Cependant l'infini en puissance n'est pas en acte. Il n'est qu'un fini que l'on accroît par addition continuée de parties au-delà de toute mesure possible ; ce n'est qu'à notre à notre égard (quoad nos), que sa dimension énorme le fait apparaître comme un infini réel. Ce qui est vrai dans l'accroissement l'est aussi dans la diminution : la division d'un nombre ou d'une longueur va de plus en plus loin, mais jamais n'arrive à une fin ; elle n'aboutit jamais, si loin qu'on la pousse, au néant ou au zéro. Cet infini potentiel, comme simple possibilité d'aller toujours au-delà, est pour Aristote le seul qui puisse être réellement. On ne peut pas le concevoir comme une véritable totalité : voir Heath Thomas, Mathematics in Aristotle, loc. cit. ; Gardies Jean-Louis, Pascal entre Eudoxe et Cantor, p. 21 sq.

Aristote, Physique, III, 206, éd. Couloubaritsis, p. 138 sq., pense que l'infini ne peut se trouver dans les objets mathématiques et dans les intelligibles. Si la notion du corps est ce qui limité par une surface, il ne peut pas y avoir de corps infini, ni intelligible, ni sensible. Pas davantage le nombre ne peut être infini, car le nombre ou ce qui possède le nombre est nombrable ; donc si le nombrable peut être nombré, l'infini aussi peut être parcouru. De même, le problème de la possibilité de l'existence d'un corps infini sensible, est résolu par la négative, car le monde étant fini, s'il existait un corps infini, il serait plus grand que le monde, ce qui est contradictoire. L'infini reste toujours en puissance : « L'infini existe dans le fait de prendre toujours autre chose, et que cette chose soit toujours limitée mais toujours différente » : p. 143. Cette thèse, selon Aristote, ne présente pas d'inconvénient technique, car les mathématiciens n'ont besoin que de l'infini virtuel, et non de l'actuel. Voir Heath Thomas, Mathematics in Aristotle, p. 110 sq. Les mathématiciens n'ont besoin que du prolongement des droites aussi loin qu'ils veulent, mais non d'un infini actuel. Voir Duhem Pierre, Le système du monde, VII, p. 4.

On retrouve cette idée dans Thomas d'Aquin, Somme théologique, Ia. Q. 1-11, tr. Sertillanges, Question 7, De l'infinité de Dieu. Article III. Une chose posée en acte peut-elle être infinie en grandeur ¬ p. 196 et p. 202.

Cette conception demeure en cours au Moyen Âge.

Cet infini potentiel correspond à peu près à ce que Descartes ou Pascal (notamment dans les Lettres de A. Dettonville) appellent indéfini.

La négation de l'infini actuel a été invoquée par les apologistes contre les doctrines de Giordano Bruno. Voir par exemple Mersenne Marin, L'impiété des déistes, II, ch. XVIII, éd. Descotes, Paris, Champion, 2005, p. 613. Contre Bruno : « Achevons vitement de répondre au reste du discours de votre Libertin qui prend le feu pour nous contraindre d'avouer qu'il [sc. le monde] est actuellement infini, parce qu'il se peut accroître infiniment, s'il avait une matière infinie qu'il pût brûler ; c'est fort mal raisonné de conclure l'infini actuel par celui qui n'est qu'en puissance ; qu'il apprenne que la conséquence est nulle de la puissance à l'acte. Nous savons bien que le feu pourrait être infini, si Dieu voulait, mais nous disons pourtant qu'il ne l'est pas, parce que nous ne voyons rien qui nous contraigne de dire le contraire. »

il n'y a pas de plus grand nombre, car on peut prendre un nombre plus grand que tout nombre donné

Itard Jean, Les Livres arithmétiques d'Euclide, Hermann, Paris, 1961, p. 91-92. Postulat ajouté à Euclide par

Campanus : On peut prendre un nombre plus grand que tout nombre donné.

Clavius, Elementa Euclidis, VII, Postulata, Opera I, p. 313. II, Quolibet numero sumi posse majorem. Quamvis enim numerus infinite diminui nequeat, sed necessario ad unitatem diminutio deveniat, tamen augeri potest infinite per additionem continuam unitatis. Quare quolibet numero propositio major exhiberi potest, ille videlicet, qui ex unius unitatis, vel etiam plurium additione consurgit ». Traduit par Pierre Hérigone, Cursus, I, Eucl. Elem. VII, Pétition 2, p. 365 : à tout nombre donné en pouvoir prendre un plus grand.

Wallis John, Mathesis universalis, ch. V, Opera mathematica, I, p. 28. On peut à tout nombre ajouter une unité.

On peut en dire autant de certains types de nombres comme les nombres premiers, les carrés, les cubes, etc., comme l'a montré Euclide, Éléments, IX, 20, éd. Vitrac, t. 2, p. 444. Les nombres premiers sont plus nombreux que toute multitude de nombres premiers proposés.

Le postulat de Campanus, On peut prendre un nombre plus grand que tout nombre donné, exclut qu'il y ait un plus grand nombre : « Numerus maximus non datur », car une fois pris un nombre plus grand qu'un nombre donné, on peut trouver un nombre plus grand encore que ce nombre. Donc il n'y a pas de plus grand nombre, c'est-à-dire de nombre qui contient tous les autres.

Par conséquent la suite des nombres peut se poursuivre à l'infini : voir Itard Jean, Les livres arithmétiques d'Euclide, p. 92 ; Wallis John, Mathesis universalis, ch. V, Opera mathematica, I, p. 28.

On retrouve la même idée dans Diophante, Arithmétique, I, Définition I. Voir la traduction latine de Bachet, 1621, p. 2 (1670, p. 2) : « Verum etiam haec intelligendi tibi omnes numeros compositos esse a quadam multitudine unitatum, liquet eos augmentum in infinitum capere ». Cela apparaît comme une conséquence directe de la définition du nombre.

C'est ce que Pascal pense connu par négation de la proposition contraire dans Preuves par discours I (Laf. 418, Sel. 680) : Nous connaissons qu'il y a un infini, et ignorons sa nature comme nous savons qu'il est faux que les nombres soient finis. Donc il est vrai qu'il y a un infini en nombre, mais nous ne savons ce qu'il est. Il le montre dans De l'esprit géométrique, § 22-25, OC III, p. 401-403 : Un nombre qui ne puisse pas être augmenté serait par définition le plus grand nombre. Mais suivant De l'esprit géométrique, I, § 25, OC III, éd. J. Mesnard, p. 403, ce nombre, s'il existe, ne peut pas être atteint en ajoutant continuellement aux nombres des unités :

« Car qu'y a-t-il de plus évident que cette vérité, qu'un nombre, tel qu'il soit, peut être augmenté ¬ Ne peut-on pas le doubler ¬ Et que la promptitude d'un mouvement peut être doublée, et qu'un espace peut être doublé de même ¬

Et qui peut aussi douter qu'un nombre, tel qu'il soit, ne puisse être divisé par la moitié, et sa moitié encore par la moitié ¬ Car cette moitié serait-elle un néant ¬ Et comment ces deux moitiés, qui seraient deux zéros, feraient-elles un nombre ¬ »

La même chose se dit de a grandeur continue de l'espace :

« Ainsi un espace, quelque petit qu'il soit, ne peut-il pas être divisé en deux, et ces moitiés encore ¬ Et comment se pourrait-il que ces moitiés fussent indivisibles sans aucune étendue, elles qui, jointes ensemble, ont fait la première étendue ¬ »

Et de même des autres grandeurs continues :

« De même, un mouvement, quelque lent qu'il soit, ne peut-il pas être ralenti de moitié, en sorte qu'il parcoure le même espace dans le double du temps, et ce dernier mouvement encore ¬ Car serait-ce un pur repos ¬ Et comment se pourrait-il que ces deux moitiés de vitesse, qui seraient deux repos, fissent la première vitesse ¬ »

On peut diviser une grandeur indéfiniment sans jamais atteindre un minimum qu'il n'est plus possible de diviser encore. La possibilité de poursuivre indéfiniment une division conduit aussi à la conclusion qu'il n'existe pas d'espace plus petit que tous les autres (c'est-à-dire indivisible), ni de plus petit nombre (à partir du moment où l'on prend en compte les nombres fractionnaires,

comme le fait Pascal dans L'esprit géométrique). Voir §
27, OC III, p. 404-405.

« Il n'y a point de géomètre qui ne croie l'espace divisible
à l'infini. On ne peut non plus l'être sans ce principe
qu'être homme sans âme. Et néanmoins il n'y en a point
qui comprenne une division infinie ; et l'on ne s'assure de
cette vérité que par cette seule raison, mais qui est
certainement suffisante, qu'on comprend parfaitement
qu'il est faux qu'en divisant un espace on puisse arriver à
une partie indivisible, c'est à dire qui n'ait aucune
étendue.

Car qu'y a-t-il de plus absurde que de prétendre qu'en
divisant toujours un espace, on arrive enfin à une
division, telle qu'en la divisant en deux, chacune des
moitiés reste indivisible et sans aucune étendue, et
qu'ainsi ces deux néants d'étendue fissent ensemble une
étendue ¬ »

Voir aussi Wallis John, De cycloide, in Opera, I, p. 534. «
Magnitudines in infinitum descrescentes sunt quarum
non datur minima. »

D'autres l'ont dit avant Pascal, mais sans avoir été capables de généraliser la proposition : voir Peletier du Mans,
Arithmétique, Livre I, Chapitre I, § 1. « Nombre donq' est
une quantité ou multitude composée de plusieurs unités
: comme 2, 3, 4, 5, 6, et tous autres sans fin. Car il ne se
peut donner Nombre si grand qui ne se puisse augmenter
d'un : non plus qu'il ne se peut donner Corps, ni Ligne
tant petite qui ne se puisse encore diviser et appetisser.

Ainsi les Nombres sont infinis en montant, et les Lignes en descendant ». Pour Pascal, l'infinité se trouve aussi bien dans le sens de la grandeur que dans celui de la petitesse, et aussi bien dans les nombres que dans les grandeurs continues.

L'infiniment grand et l'infiniment petit

Le fragment Transition 4 (Laf. 199, Sel. 230), Disproportion de l'homme, se situe dans l'infini virtuel de grandeur et de petitesse, tel que l'homme les rencontre dans son existence concrète.

Selon Couturat Louis, De l'infini mathématique, p. 218, l'indéfini consiste en un fini variable, appelé soit infiniment grand, soit infiniment petit. On appelle infiniment petite une quantité variable qui tend vers zéro, et infiniment grande une quantité variable qui croît au-delà de toutes bornes, ayant pour limite l'infini. Il ne faut pas confondre la quantité variable et la quantité fixe qui est sa limite.

Duhem Pierre, Le système du monde, Histoire des doctrines cosmologiques de Platon à Copernic, VII, Paris, Hermann, 1956. Infiniment grand et infiniment petit.

Cette distinction est opérée de manière très nette chez Descartes. Voir Koyré Alexandre, Du monde clos à l'univers infini, p. 132. Descartes ne dit pas que le monde est infini, mais seulement qu'il est indéfini ; voir p. 147, la justification de cette thèse. Voir Principes, I, § 27,

Quelle différence il y a entre indéfini et infini, in Œuvres, éd. Alquié III, p. 108, AT IX-II, p. 37. Le latin oppose l'infini divin, compris positivement, et l'indéfinité des choses, comprise négativement. Voir Œuvres, AT I, lettre à Clerselier du 23 avril 1649.

Galilée, L'essayeur, in Dialogues et lettres choisies, éd. Michel, Paris, Hermann, 1966, p. 89. Il est d'usage courant et quotidien d'employer le mot infini au lieu de très grand.

Les problèmes liés à l'infiniment grand naissent de la géométrie (avec notamment les découvertes en matière de perspective) et de l'astronomie (avec les controverses liés à l'infinité des mondes). Voir Seidengart Jean, Dieu, l'univers et la sphère infinie. Penser l'infinité cosmique à l'aube de la science classique, Paris, Albin Michel, 2006.

Les problèmes liés à l'infiniment petit naissent d'une part des mathématiques (notamment la méthode des indivisibles, ancêtre du calcul différentiel et intégral), et de la physique (avec les doctrines atomistes et les observations réalisées dans les sciences naturelles à l'aide des microscopes).

Pascal et les indivisibles

Le raisonnement aboutit à la conclusion que la division indéfinie ne peut atteindre des indivisibles au sens strict. On n'atteint jamais le zéro, ou néant de nombre, par la division indéfinie. Quant à l'espace, la même maxime s'applique aux différents ordres de grandeur : si loin qu'on pousse la division, on n'atteint jamais le point (le néant d'espace) en divisant une ligne ; on n'atteint jamais une ligne dépourvue de largeur en divisant une surface ; on n'atteint jamais une surface sans épaisseur en divisant un solide.

Ce point est illustré dans le fragment Transition 4. Disproportion de l'homme, et dans De l'esprit géométrique. Voir Pascal, Œuvres complètes, éd. J. Mesnard, IV, Paris, Desclée de Brouwer, 1992, p. 393-404 (avec une bibliographie, p. 404-406).

Ce principe fonde la méthode dite des indivisibles, que Pascal emploie dans les Lettres de A. Dettonville sur la roulette.

La méthode des indivisibles a été mise au point par le géomètre jésuate Bonaventura Cavalieri pour perfectionner et abréger la méthode des mathématiciens grecs Euclide et Archimède pour quarrer les surfaces planes ou courbes, cuber les solides et déterminer les centres de gravité. Elle consistait à considérer les corps géométriques comme s'ils étaient constitués par des éléments comportant une dimension de moins qu'eux : une surface peut être considérée comme une somme de lignes, et un solide comme une somme de plans. Dans les deux cas, on objectait à Cavalieri le fait que des lignes sans largeur ne pouvaient composer une surface, et que des plans sans épaisseur ne pouvaient engendrer un solide. Pour éviter ces inconvénients, Pascal et Roberval retiennent le mot d'indivisibles, mais en changent la signification : ils considèrent que dans la division indéfinie d'une surface, comme par exemple le demi-cercle CMF est composé par des ordonnées ZM, qui sont en fait des rectangles très fins (ZM . ZZ), dont la hauteur ZZ peut être rendue très petite. Lorsque les ZZ sont plus petites que toute grandeur donnée, la « somme des rectangles » se confond avec la surface du demi-cercle.

Naturellement, Pascal ne parle que de division indéfinie, et non proprement infinie, car il est évident que même si on pousse très loin le nombre des divisions Z de CF, il subsistera toujours un excès en escalier. Mais de nombreux Avertissements répartis en plusieurs endroits des Lettres de A. Dettonville expliquent que l'on peut montrer que dans la division indéfinie de l'axe CF, c'est-à-dire poussée aussi loin qu'on peut le vouloir, cet excès peut toujours être rendu moindre que toute grandeur donnée, c'est-à-dire négligeable. Il donne même à l'occasion une démonstration rigoureuse de ce point dans son Traité des trilignes. Il montre aussi dans la Lettre à M. ADDS que la moderne méthode des indivisibles peut être remplacée par celle des anciens, qui procède par des inscriptions et circonscriptions au terme desquelles on démontre par l'absurde que les grandeurs que l'on compare sont strictement égales. L'inconvénient de cette méthode est sa lourdeur et la longueur de ses démonstrations ; Pascal lui préfère sa méthode, plus rapide et tout aussi convaincante. Il annonce ainsi les formes ultérieures du calcul intégral.

L'infini actuel

L'infini en acte est réellement infini : par définition il ne comporte pas de limite. C'est ce qui est plus grand que toute grandeur donnée, autrement dit ce au-delà de quoi il ne peut rien y avoir. Gilbert Thérèse et Rouche Nicolas, La notion d'infini, Paris, Ellipses, 2001, p. 15 sq. L'infini pensé dans sa globalité est appelé infini actuel : p. 16.

C'est de l'infini en acte, réel, que saint Thomas d'Aquin entend la nature de Dieu. Voir Somme théologique, Ia. Q. 1-11, tr. Sertillanges, p. 186 sq. Question 7, De l'infinité de Dieu, Article I, Dieu est-il infini ¬, p. 186. « Est appelé infini, par définition, ce qui n'est pas fini » : p. 187.

L'infini actuel est indifférent à l'addition ou à la soustraction de parties, en ce sens qu'on peut lui ajouter des parties sans le changer en rien pour autant.

Le nombre infini

Certains mathématiciens et philosophes estiment que le nombre actuellement infini n'a pas d'existence réelle. Voir par exemple Duhem Pierre, Le système du monde, VII, p. 119, sur le désaccord de Jean de Bassols avec Aristote qui nie le nombre actuellement infini.

Couturat Louis, De l'infini mathématique, p. 617 sq. Selon la théorie « empiriste », il n'y aurait pas de nombre infini, parce que par construction tous les nombres ordinaux de la suite naturelle sont finis, et que par définition tout nombre cardinal dérive d'un nombre ordinal : p. 361.

Mersenne Marin, Les nouvelles pensées de Galilée, II, p. 159. Il n'y a aucun nombre qui contienne tous les autres et qui mérite d'être appelé nombre infini (le aleph zéro des transfinitistes).

Sur l'existence de ce nombre actuellement infini, Pascal considère manifestement que le problème reçoit une réponse positive. Il l'affirme nettement son existence, malgré son caractère incompréhensible. Voir A P. R. 2 (Laf. 149, Sel. 182) : Tout ce qui est incompréhensible ne laisse pas d'être. Le nombre infini, un espace infini égal au fini. Pascal pense que l'on peut connaître cette existence par la raison naturelle.

Cela répond bien à ce qu'il écrit dans Preuves par discours I, où il affirme que le nombre infini existe et qu'on connaît son existence ; sur ce point, Pascal n'est pas très éloigné de Descartes, qui pense que l'on connaît l'infini, mais qu'on ne le comprend pas. La différence entre eux tient au fait que Descartes pense que la connaissance positive qu'on a de l'infini est la condition de la formation de l'idée du fini.

Pascal pense que l'on connaît l'existence de l'infini seulement par voie négative, par un raisonnement apagogique et indirect. C'est ce qu'il explique dans Preuves par discours I et dans Grandeur 6 (Laf. 110, Sel. 142) : notre âme, qui trouve dans le corps où elle est jetée nombre, temps, dimensions [...] appelle cela nature, nécessité, et ne peut croire autre chose. [...] Le cœur sent qu'il y a trois dimensions dans l'espace et que les nombres sont infinis, parce qu'il est évident que l'on peut toujours ajouter une unité à n'importe quel nombre, si grand soit-il : voir plus haut, De l'esprit géométrique, § 22-23, OC III, éd. J. Mesnard, p. 402. « Donc il est vrai qu'il y a un infini en nombre ».

Pascal parle bien ici de l'infini réel, comme on le vérifie par les propriétés qu'il attribue à ce nombre infini. En d'autres termes, il considère que l'existence de l'infini virtuel suffit à vérifier celle de l'infini actuel. L'infini actuel est à ses yeux la condition de possibilité de l'infini potentiel : s'il n'y avait pas d'infini actuel, il n'y aurait pas d'infini potentiel. Ce n'est cependant pas pour autant que l'infini potentiel peut donner à l'homme une connaissance positive de l'infini actuel : comme nous allons le vérifier, pour Pascal on connaît l'existence de l'infini actuel, mais non sa nature. Selon Preuves par discours I : Nous connaissons qu'il y a un infini, et ignorons sa nature.

Gardies Jean-Louis, Pascal entre Eudoxe et Cantor, p. 116, insiste sur la parenté de la pensée de Pascal avec celle de Cantor, pour qui l'infini potentiel témoigne de l'existence de l'infini actuel, le transfini sur lequel l'autre se déplace ; sans le second, le premier ne pourrait pas être pensé. Gardies s'appuie sur quatre textes, L'esprit géométrique, Transition 4, Preuves de Jésus-Christ 11 (Laf. 308, Sel. 339) sur les trois ordres, et Preuves par discours I (dans lequel il note que l'infini est entendu au sens du transfini).

Voir aussi Belna Jean-Pierre, La notion de nombre chez Dedekind, Cantor, Frege, p. 187. Cantor rapproché de Pascal sur l'idée que l'infini potentiel suppose déjà l'existence de l'infini actuel. Là où Pascal se contente d'une remarque annexe, Cantor tente de forcer le passage.

Mais comme l'écrit Couturat Louis, De l'infini mathématique, p. 361 sq., si ce nombre infini existe, il n'appartient pas à la suite des nombres naturels, puisque ce n'est pas en ajoutant des unités les unes aux autres qu'on peut l'atteindre.

Les propriétés que Pascal lui attribue dans Preuves par discours I attestent qu'il y envisage bien l'infini actuel. Elles sont différentes de celles du nombre fini, et sont purement négatives. L'unité jointe à l'infini ne l'augmente de rien, non plus que un pied à une mesure infinie, et par suite il est faux qu'il soit pair, il est faux qu'il soit impair, puisque par définition en ajoutant l'unité il ne change point de nature. Cependant c'est un nombre, et tout nombre est pair ou impair. Il est vrai que cela s'entend de tout nombre fini. Cette définition est très originale. Pascal ne définit pas le nombre infini en disant qu'il est très grand, ni comme ce qui est plus grand que toute grandeur ou tout nombre donné, mais par son indifférence à l'addition ou au retranchement de ce qui est fini. Cette définition distingue le nombre infini en question de tout nombre infiniment grand, car l'infini virtuel change si on lui ajoute une grandeur finie. Il s'agit bien ici de l'infini actuel dénombrable (Dans L'Esprit géométrique, Pascal envisage l'infini actuel non dénombrable - termes ayant la puissance du continu. Voir Gardies Jean-Louis, *Pascal entre Eudoxe et Cantor*, Paris, Vrin, 1984, p. 82).

Pascal invoque ici la propriété qui sera par la suite désignée sous le nom de réflexivité des nombres infinis, c'est-à-dire l'indifférence de l'infini à l'addition ou à la soustraction d'une grandeur finie.

Cette indifférence de l'infini à l'égard du fini a été affirmée par plusieurs auteurs, dans l'Antiquité et au Moyen Âge. Voir par exemple Duhem Pierre, *Le système du monde*, VII, Paris, Hermann, 1956, p. 114. F. de Meyronnes : « lorsque d'une multitude infinie on retranche une multitude finie quelconque, il reste encore une multitude infinie qui n'est donc aucunement diminuée ». Même idée chez Jean de Bassols : p. 119.

Wallis John, *Arithmetica infinitorum*, Prop. CLXXXII, in *Opera mathematica*, I, Oxoniae, e Theatro Sheldoniano, 1695, p. 453 sq. En principe, 8, 8 + 1, 8 - 1, perinde sunt, p. 453 ; mais il faut faire attention : « cum enim infinite parvum infinities multiplicatur, assurgit nonnunquam quantitas satis magna, nempe illa ipsa cujus illa fuit aliquota pars utut infinite parva ». Nam et Duns Scot a même soutenu que l'on peut d'un infini retrancher un infini sans modifier la puissance du premier : voirDuns Scot, *In VIII Lib. Physicorum Aristotelis quaestiones et expositio*, Venise, apud J. Guerilium, 1617, p. 322-324. Exemple du retranchement de l'ensemble infini des pairs ou des impairs sur l'ensemble des entiers : on peut, en prenant tous les nombres entiers naturels en nombre infini, en retrancher tous les nombres impairs et ne conserver que les nombres pairs ; l'ensemble restant n'en sera pas moins infini.

La même idée a été approfondie à l'époque moderne, qui a fait de la réflexivité la définition même de l'infini. Voir Russell Bertrand, Introduction à la philosophie mathématique, p. 99 sq., et La méthode scientifique en philosophie, Payot, p. 192 sq. : alors que les nombres finis ne possèdent pas la propriété de réflexivité, car ils sont modifiés par l'addition ou la soustraction d'une unité, le nombre des nombres inductifs (le nombre transfini) est un nombre nouveau, différent des précédents, qui ne possède pas toutes les propriétés inductives, et qui notamment demeure inchangé par l'addition et la soustraction :

$$N - 1 = N = N + 1$$

Warusfel André, Les nombres et leurs mystères, Paris, Seuil, 1970, p.123 sq.

Il en résulte que le nombre actuellement infini échappe aux catégories qui s'appliquent aux nombres dans le fini : Il est faux que le nombre infini soit pair, il est faux qu'il soit impair. Cependant c'est un nombre, et tout nombre est pair ou impair. Sur ce paradoxe, voir Preuves par discours I. Pascal reprend ici une remarque d'Aristote, Métaphysique, M, 8, éd. Tricot, II, p. 769 sq. : « le nombre, en tant qu'infini, n'est ni pair, ni impair, alors que la génération des nombres est toujours celle, soit d'un nombre pair, soit d'un nombre impair ».

Cantor voudra montrer en plus que le nombre infini est à la fois pair et impair. Voir Belna Jean-Pierre, La notion de nombre chez Dedekind, Cantor, Frege, p. 188 : Cantor dit que ¬, le plus petit ordinal transfini, est à la fois pair et impair, ce qui en fait un nombre très spécial en comparaison des nombres usuels. Voir aussi Gardies Jean-Louis, Pascal entre Eudoxe et Cantor, p. 123-123. Soit ¬ le nombre infini : ¬ est à la fois pair et impair en ce sens que

$$\neg = \neg \times 2 \quad \text{et} \quad \neg = 1 + \times 2$$

¬ n'est ni pair ni impair, en ce sens qu'on ne peut indiquer un nombre a tel que

$$\neg = 2 \times a \quad \text{et} \quad \neg = 2 \times a + 1$$

Ce caractère détermine un troisième point : la connaissance et la compréhension que l'homme peut avoir de la nature de ce nombre infini. Car l'idée qu'un nombre puisse ne pas être modifié par l'addition ou la soustraction, quelque nécessaire qu'elle paraisse, n'en est pas moins incompréhensible à la raison. C'est pourquoi Pascal écrit que si l'on connaît l'existence de l'infini, on n'en comprend pas la nature.

L'idée qu'on n'a pas de connaissance de l'infini, et de l'infini en nombre se trouve un peu partout. Voir par exemple Peletier du Mans Jacques, Jacobi Peletarii medici et mathematici, in Christophorum Clavium, de contactu linearum, Apologia, I, De anguli rectilinei et curvilinei aequalitate, p. 6 v° sq. « Infiniti enim nulla scientia est ». Plus proche de Pascal, voir Mersenne Marin, Questions inouïes, Question XXV, éd. Pessel, p. 69, Peut-on dire combien chaque homme a de cheveux dans la tête, et concevoir le nombre infini ¬, p. 69.

Proches de Pascal, Arnauld Antoine et Nicole Pierre, La logique, IV, I et IV, VII, (éd. de 1664), éd. Descotes, Champion, p. 512 et 560, déclarent que comme « il est de la nature d'un esprit fini de ne pouvoir comprendre l'infini », des questions telles que y a-t-il un infini plus grand que l'autre ¬ sont de celles dont on peut se tirer en disant qu'on ne saurait en avoir une idée assez claire et distincte pour en juger. Celui qui dit tout de suite je n'en sais rien est aussi avancé que celui qui perd son temps à l'examiner (voir plus bas).

Quelques auteurs en jugent différemment : consulter sur ce point Blay Michel, Les raisons de l'infini, Paris, Gallimard, 1993, p. 184 sq. : selon Fontenelle, le nombre infini a le même type de réalité que les nombres finis, il existe aussi réellement que les nombres finis ; c'est un nombre et doit être traité comme tel. Voir Marchal Roger, Fontenelle à l'aube des Lumières, Champion, Paris, 1997, p. 188 sq.

La position de Pascal est précisée dans Preuves par discours I : nous ne connaissons l'existence de l'infini que par voie indirecte, nous [...] ignorons sa nature ; et nous ne savons ce qu'il est. Aussi Pascal classe-t-il le nombre infini parmi les incompréhensibles qui ne laissent pas d'être : voir A P. R. 2 (Laf. 149, Sel. 182) : Tout ce qui est incompréhensible ne laisse pas d'être. Le nombre infini, un espace infini égal au fini.

Cependant, ce principe admis, il est possible de raisonner à partir de lui. Voir Grandeur 6 : Le cœur sent qu'il y a trois dimensions dans l'espace et que les nombres sont infinis et la raison démontre ensuite qu'il n'y a point deux nombres carrés dont l'un soit double de l'autre. Les principes se sentent, les propositions se concluent et le tout avec certitude quoique par différentes voies.

Certains commentateurs ont des doutes sur la manière dont Pascal use du terme d'infini. Voir par exemple Carraud Vincent, Pascal et la philosophie, p. 426 sq., qui estime que « Pascal fait, dans le [fragment Laf.] 199, un usage purement rhétorique, c'est-à-dire non conceptuellement rigoureux, de la notion d'infini ». En fait, la démarche de Pascal est rigoureuse si on la replace dans le contexte de sa conception de la connaissance que l'homme peut avoir de l'infini. La connaissance de la nature de l'infini actuel n'étant possible à l'homme que par le biais de l'infini potentiel qui en est pour ainsi dire la figure quoad nos, on voit difficilement comment Pascal peut en parler en d'autres termes. C'est le fondement même de la doctrine des indivisibles, dont il a été question plus haut.

¬ Dans l'infini, les termes d'égalité, de plus grand et de plus petit n'ont pas de sens, et l'axiome selon lequel le tout est plus grand que la partie n'a pas lieu : In infinito non habere locum axioma quod totum sit majus parte

Les notions de plus grand et de moins grand ne valent que pour les grandeurs finies, et non dans l'infini.

Duhem Pierre, Le système du monde, VII, p. 109. Duns Scot dit déjà que les mots égal, plus grand, plus petit, ne sauraient convenir à des volumes, à moins qu'ils ne soient finis. Plus et moins désignent des différences entre quantités finies, et non entre infinies.

Sinaceur Hourya, "Existe-t-il des nombres infinis ¬", La recherche, Hors-série n° 2, août 1999, p. 30-36. Selon Galilée, les relations d'égalité et d'inégalité, de supériorité et d'infériorité ne sont pas valides dans l'infini ; cette idée s'appuie sur l'argument que chaque nombre a son carré et que chaque carré est issu d'un entier positif : p. 32. Voir ce qu'en dit Galilée, Discours concernant deux sciences nouvelles, éd. Clavelin, p. 30 ; et Galilée, Dialogue sur les deux grands systèmes du monde, II, éd. Fréreux, Paris, Seuil, 1992, p. 148.

Ce texte est cité dans Russell Bertrand, La méthode scientifique, p. 197 sq. et p. 200.

Dans l'infini, l'axiome selon lequel le tout est plus grand que la partie n'a pas lieu. En passant de la négation à l'affirmation on en tire que dans l'infini le tout est égal à sa partie, définition nouvelle de l'infini : voir Couturat Louis, Les principes des mathématiques, avec un appendice sur la philosophie des mathématiques de Kant, Paris, Blanchard, 1980, p. 64 sq. Selon Cantor, une classe (ou un ensemble) est infinie quand elle est équivalente à une partie intégrante d'elle-même.

Pascal ne développe pas ce principe, mais ses réflexions y conduisaient certainement.

En revanche, Pascal énonce le principe de l'égalité et de l'annulation de tout ce qui est fini à l'égard de l'infini. Voir Transition 4. Dans la vue de ces infinis tous les finis sont égaux et je ne vois pas pourquoi asseoir son imagination plutôt sur un que sur l'autre. La seule comparaison que nous faisons de nous au fini nous fait peine. Pour ce qui touche la condition humaine, Pascal précise : Ce milieu qui nous est échu en partage étant toujours distant des extrêmes, qu'importe qu'un autre ait un peu plus d'intelligence des choses s'il en a, et s'il les prend un peu de plus haut, n'est-il pas toujours infiniment éloigné du bout et la durée de notre vie n'est-elle pas également infime de l'éternité pour durer dix ans davantage.

Taton René (dir.), La science moderne, p. 248. Cette idée aboutit à la demande que fait le Marquis de L'Hospital au début de son Analyse des infiniment petits : on prend indifféremment l'une pour l'autre deux quantités qui ne diffèrent que d'une quantité infiniment petite. Voir Analyse, I, p. 2-3 : « On demande qu'on puisse prendre indifféremment l'une pour l'autre deux quantités qui ne diffèrent entr'elles que d'une quantité infiniment petite, ou (ce qui est la même chose) qu'une quantité qui n'est augmentée ou diminuée d'une autre quantité infiniment moindre qu'elle puisse être considérée comme demeurant la même ». Voir Blay Michel, La naissance de la mécanique analytique, p. 33 sq. Sauveur fait la première présentation des résultats du calcul leibnizien à l'Académie, les 23 et 30 juin 1696.

Infini numérique et infini continu

Dans le fragment Disproportion de l'homme, Transition 4, Pascal demeure dans l'infini potentiel, puisqu'il procède par accroissement et par diminution progressifs. Comme il y demeure dans une perspective quoad nos, il ne ressent pas le besoin d'en rien conclure touchant l'infini actuel, sinon pour dire que l'infini potentiel est la marque que la nature porte de l'infinité actuelle de Dieu.

Avec L'esprit géométrique, Pascal aborde l'infini actuel, en distinguant les divisions de la ligne, toujours finies, de l'infinité des points qui s'y trouvent : la différence entre l'infini potentiel et l'infini actuel y prend la forme d'une négation : jamais par la multiplication indéfinie on n'atteint le plus grand nombre, celui qui ne peut être dépassé, ni l'infinité spatiale positive. Mais il met toujours sur le même plan les infinis nombrable et non dénombrable (le continu spatial, temporel, etc.). Il met sur le même plan l'infini de l'espace et celui des nombres (parmi lesquels Pascal comprend non pas seulement les nombres entiers, mais aussi les fractionnaires).

Le fragment Preuves par discours I envisage l'infini dénombrable actuel, puisqu'il y est question du nombre infini, toujours placé en regard de l'infini géométrique, pour dire que tout deux sont indifférents à l'addition. Le raisonnement est alors poussé plus loin que dans L'esprit géométrique, dans la mesure où l'argument apagogique y est explicitement formulé, qui conduit de l'infini potentiel à l'affirmation de l'existence de l'infini actuel.

Dans le texte sur les trois ordres, Preuves de Jésus-Christ 11, Pascal définit la différence de genre des corps, des esprits et de la charité par des distances actuellement infinies, caractérisées par le fait que les grandeurs des inférieures n'ajoutent ni n'ôtent quoi que ce soit aux supérieures. Mais il ne s'agit plus alors de grandeurs d'ordre mathématique, qui s'exprimeraient par les nombres ou par l'espace.

En revanche, c'est par ce dernier texte que l'on peut poser un problème abordé par Jean-Louis Gardies dans son Pascal entre Eudoxe et Cantor, p. 80 sq., la question de savoir si, selon Pascal, l'infini est unique, ou s'il y a plusieurs infinis, et par suite s'il peut exister un infini ou des infinis plus grands que l'infini ¬ Certains auteurs pensent que c'est impossible par définition.

Long et Sedley, Les philosophes hellénistiques, II, Les stoïciens, p. 303. Pour les Stoïciens, « la division broie les corps à l'infini, et entre infinis, aucun n'est plus grand ni plus petit. »

Saint Bonaventure, Commentaire des Sentences, II, d. 1, p. 1, a. 1, q. 2, Quod non, Qu'il n'ait pas été produit dans le temps..., in Thomas d'Aquin et la controverse sur l'Éternité du monde, éd. C. Michon (dir.), p. 60 sq. Il est impossible que les infinis soient ordonnés, autrement dit qu'il y ait plusieurs ordres d'infinités successives.

Galilée, Discours concernant deux sciences nouvelles, éd. M. Clavelin, p. 30, attribue à l'aristotélicien Simplicio l'idée qu'il est impensable qu'il existe une grandeur supérieure à l'infini : « Qu'il y ait un infini plus grand que l'infini me semble une idée totalement inintelligible ».

Voir Fénelon, Traité de l'existence de Dieu, II, III, § 44, éd. Dumas, p. 123 sq. Il ne peut y avoir plusieurs infinis : II, V, § 70, p. 140. Dire "une infinité d'infinis" est un pléonasme puéril ; ce n'est pas plus que l'infini simple ; plusieurs infinis seraient infiniment moins qu'un : § 72, p. 143. Il répugne qu'il y ait plusieurs infinis en divers genres : § 74, p. 144. S'il y avait plusieurs infinis, ils n'en formeraient qu'un seul ; ils feraient moins qu'un infini : § 78, p. 146. L'infini est essentiellement un : § 79, p. 146 sq. Il y a contradiction à admettre plusieurs infinis : § 80, p. 147 sq.

Pourtant l'idée qu'il est possible de trouver des infinis plus grands que d'autres a ses partisans. Voir Duhem Pierre, Le système du monde, VII, p. 132-133. Grégoire de Rimini explique en quel sens un infini peut et ne peut pas être partie d'un autre infini, ou être plus grand qu'un autre infini.

Rivaud Albert, Histoire de la philosophie, II, p. 175. Duns Scot pense que des infinis peuvent être inégaux.

Koyré Alexandre, Études d'histoire de la pensée scientifique, p. 358. Cavalieri : quod unum infinitum alio majus dari posse pro firmissimo Geometriae sternere auserim fundamento.

Mersenne Marin, Harmonie universelle, De l'utilité de l'harmonie, Prop. III, éd. C.N.R.S., t. 3, p. 19. Il y en a qui faisant chaque ligne composée d'une infinité de points, disent qu'il y a des infinis plus grands les uns que les autres, selon la raison donnée, effable ou ineffable.

Certains auteurs estiment enfin que la question n'a pas de solution et ne doit pas être posée. Voir Arnauld Antoine et Nicole Pierre, La logique ou l'art de penser, IV, I (éd. de 1664), éd. D. Descotes, p. 512. La question y a-t-il un infini plus grand que l'autre ¬ est de celles dont on peut se tirer en disant qu'on ne saurait en avoir une idée assez claire et distincte pour en juger. Celui qui dit tout de suite je n'en sais rien est aussi avancé que celui qui perd son temps à l'examiner.

La théorie réellement mathématisée des ordres successifs d'infinités n'est venue qu'à la transition des XIXe et XXe siècles. Voir Belna Jean-Pierre, La notion de nombre chez Dedekind, Cantor, Frege, p. 113. Cantor a démontré que pour tout ensemble M, card P(M) > card M (où P(M) est l'ensemble des parties de M), soit 2m> M. Voir aussi dans Delahaye Jean-Paul, "Une infinité d'infinis", in Sciences et avenir, Hors série, n° 105, mars 1996, p. 77, la démonstration que l'ensemble des parties de E, P (E), a toujours une taille strictement plus grande que l'ensemble E.

Warusfel André, Les nombres et leurs mystères, p. 126 et surtout p. 130. Preuve que si A est un nombre transfini, 2A est un nombre transfini supérieur, soit : 2A> A. Voir aussi Petite encyclopédie des mathématiques, p. 355-356. ¬0 et ¬. Égalité : ¬ = 2¬0.

Pascal ne s'est pas exprimé sur ce sujet. Il parle toujours du nombre infini au singulier. Certains textes cependant laissent entrevoir la possibilité qu'il estime qu'il y a plusieurs ordres d'infinité. Le fragment sur les trois ordres, Preuves de Jésus-Christ 11, contient l'expression infiniment plus infini, pour décrire l'abîme qui sépare les deux ordres naturels (les corps et les esprits) de l'ordre surnaturel de la charité. Le contexte n'est ni arithmétique, ni mathématique ; il s'agit pour ainsi dire d'infinités en éminence. D'autre part, dans l'argument du pari (Preuves par discours I), lorsqu'il parle d'infinité de temps infiniment heureux, Pascal semble faire entrer dans le calcul une sorte d'infini pour ainsi dire porté au carré.

Il est possible que Pascal ait conçu une succession des infinités de grandeur conçue sur le modèle des genres de la géométrie : dans la ligne, il y a une infinité de points ; dans la surface, il y a une infinité de lignes ; dans le solide il y a une infinité de surfaces. Les Lettres de A. Dettonville montrent qu'il est possible de poursuivre au-delà des trois dimensions de la géométrie classique. Pascal conçoit peut-être que comme une surface engendrée par la multiplication d'une ligne, qui contient une infinité de points, par une autre ligne qui en contient aussi une infinité, est à leur égard comme un infini d'ordre supérieur. Il est certain que Pascal a bien montré dans les Lettres de A. Dettonville, que les sommes de lignes n'engendrent pas des surfaces, qui sont d'un genre supérieur. Mais en a-t-il conclu qu'il existe des ordres d'infinis plus grands les uns que les autres, c'est ce qu'il n'a jamais dit explicitement : il faut s'en tenir, sur ce point, au peu d'expressions que nous avons mentionnées plus haut. Si tel était le cas, on peut voir là un pressentiment de ce qui sera formulé beaucoup plus tard par Cantor sur les ensembles de puissance supérieure. Mais comme on sait, Cantor a établi que le côté du carré a autant de points que le carré lui-même. La conception qu'il se fait de l'échelle des alephs ne peut pas être identique à celle que nous venons de reconstituer.

¬ Existe-t-il une priorité de l'infini numérique sur l'infini des grandeurs continues ¬

Dans le Triangle arithmétique, Pascal évoque, en Conclusion du Potestatum numericarum summa, le paradoxe qui marque le rapport de l'infini arithmétique et de l'infini dans les grandeurs continues : la nature, « éprise d'unité », établit un rapport entre les sommes de puissances numériques et la continuité de l'espace. L'opuscule De l'esprit géométrique procède du reste à une mise en correspondance réglée des nombres et des grandeurs continues que sont l'espace, le temps et le mouvement. Que cette harmonie pour ainsi dire préétablie témoigne que c'est le « même maître » qui a créé nombres, espace et grandeurs continues, c'est certain. Le fragment Laf. 698, Sel. 577 soutient que les nombres imitent l'espace qui sont de nature si différente.

Mais il écrit dans Laf. 663, Sel. 544 que la nature recommence toujours les mêmes choses, les ans, les jours, les heures, les espaces de même. Et les nombres sont bout à bout, à la suite l'un de l'autre ; ainsi se fait une espèce d'infini et d'éternel. Ce n'est pas qu'il y ait rien de tout cela qui soit infini et éternel, mais ces êtres terminés se multiplient infiniment. Ainsi les jours, les espaces ne sont infinis que parce que leurs parties sont bout à bout, à la suite l'un de l'autre, ce qui n'engendre qu'une espèce d'infini et d'éternel, un infini qui ne l'est pas réellement, et qui se réduit au bout du compte à de l'indéfini. Pascal range donc ici les nombres avec le temps et l'espace, parmi ces grandeurs qui ne sont que des espèces d'infini et d'éternel.

Cependant le même fragment envisage les nombres sous un autre aspect, comme multipliants, et c'est alors seulement que le nombre, et le nombre multiplicateur seul, est réellement infini : Ainsi il n'y a ce me semble que le nombre, qui les multiplie, qui soit infini. La clause « ce me semble » suggère que Pascal paraît chercher à mettre ses idées au net plutôt qu'il n'affirme dogmatiquement. Mais il semble qu'il tend ici à passer au rasoir d'Occam les infinis des grandeurs continues, qui ne seraient connus à l'homme que sous la forme d'espèces d'infinis, pour ne retenir qu'un seul infini véritable, le nombre comme multiplicateur.

Voir Descotes Dominique, "Les nombres dans les Pensées", in Chroniques de Port-Royal, 63, Paris, 2013, p. 199-219.

Les paradoxes de l'infini

Voir notre commentaire sur Preuves par discours I.

Les contemporains ont produit un nombre considérable de paradoxes liés à l'infini. Galilée a notamment montré comment on pouvait établir qu'un point est égal à une ligne, ou que deux surfaces égales et deux solides égaux ayant pour bases des surfaces diminuant continuellement arrivent, en laissant des restes égaux entre eux, à ce que l'une des surfaces se réduise à une ligne, c'est-à-dire une infinité de points, et l'autre à un seul point.

Parmi les paradoxes qui ont intéressé Pascal figure le fait que certains espaces infinis puissent avoir une mesure finie. Voir sur ce sujet A P. R. 2 (Laf. 149, Sel. 182), un espace infini égal au fini. Sur ce paradoxe, voir Descotes Dominique, "Espaces infinis égaux au fini", in Le grand et le petit, CRDP, Clermont-Ferrand, 1990, p. 41-67 ; et

Mancosu Paolo, Philosophy of mathematics and mathematical practice in the seventeenth century, Oxford, 1996, p. 129 sq.

Parmi les paradoxes célèbres que Pascal a certainement connus, figure la roue d'Aristote, qui consiste en ce que des cercles concentriques de rayons et de circonférences différents, lorsqu'on leur fait opérer un tour de roulement complet, parcourent tous la même distance. Voir Aristote, Questions mécaniques, 24, 855 b, et les commentaires de Heath Thomas, Mathematics in Aristotle, p. 246 sq. Ce paradoxe est directement lié à la construction des roulettes ordinaire, allongée et raccourcie.

Pascal avait sans doute lu l'opuscule du jésuite André Tacquet, Dissertatio physico-mathematica de motu circuli et sphaerae. Quam praeside R. P. Andrea Tacquet, Societatis Iesu matheseos professore defendit, explicuit ac demonstravit, Illustrissimus D. Philippus Eugenius comes de Hornes et d'Herlies, Lovanii 31 jan. Anno 1650, in Collegio Societatis Iesu, Lovanii, Typis Corn. Coenestenii, Anno 1650. Voir Descotes Dominique, "Documents relatifs aux Lettres de A. Dettonville, I, Pascal et le Père Tacquet", Courrier du Centre International Blaise Pascal, n° 14, 1992, p.18-53.

Pascal et l'infini divin

L'infinité de Dieu constitue un cas différent de celui de l'infini mathématique : dans le fragment Preuves par discours I, Pascal affirme que si l'homme peut avoir une connaissance de l'infini mathématique dans son existence, sinon dans sa nature, il n'en est pas de même pour Dieu : Selon les lumières naturelles, Dieu est infiniment incompréhensible, puisque n'ayant ni parties ni bornes, il n'a nul rapport à nous. Nous sommes donc incapables de connaître ni ce qu'il est, ni s'il est. Cela étant qui osera entreprendre de résoudre cette question ¬ ce n'est pas nous qui n'avons aucun rapport à lui. Ce n'est que par la foi que nous connaissons son existence , ce qui n'a rien d'absurde, puisqu'on peut bien connaître qu'il y a un Dieu sans savoir ce qu'il est (comme c'est le cas pour l'infini mathématique). Et ce n'est que par la gloire, c'est-à-dire dans l'au-delà, que nous connaîtrons sa nature.

Dans le même fragment, Pascal esquisse une explication de cette situation paradoxale : nous connaissons [...] l'existence et la nature du fini parce que nous sommes finis et étendus comme lui. Nous connaissons l'existence de l'infini et ignorons sa nature, parce qu'il a étendue comme nous, mais non pas des bornes comme nous. Quant à Dieu, il n'a ni étendue, ni bornes. La formule doit être entendue non pas seulement de l'infinité spatiale (étendue), mais aussi numérique, puisque les nombres naturels sont chacun finis.

Texte de Les deux infinis

Que l'homme contemple donc la nature entière dans sa haute et pleine majesté, qu'il éloigne sa vue des objets bas qui l'environnent. Qu'il regarde cette éclatante lumière, mise comme une lampe éternelle pour éclairer l'univers, que la terre lui paraisse comme un point au prix du vaste tour que cet astre décrit et qu'il s'étonne de ce que ce vaste tour lui-même n'est qu'une pointe très délicate à l'égard de celui que les astres qui roulent dans le firmament embrassent. Mais si notre vue s'arrête là, que l'imagination passe outre; elle se lassera plutôt de concevoir, que la nature de fournir. Tout ce monde visible n'est qu'un trait imperceptible dans l'ample sein de la nature. Nulle idée n'en approche. Nous avons beau enfler nos conceptions au-delà des espaces imaginables, nous n'enfantons que des atomes, au prix de la réalité des choses. C'est une sphère dont le centre est partout, la circonférence nulle part. Enfin, c'est le plus grand caractère sensible de la toute puissance de Dieu, que notre imagination se perde dans cette pensée.

Que l'homme, étant revenu à soi, considère ce qu'il est au prix de ce qui est; qu'il se regarde comme égaré dans ce canton détourné de la nature; et que de ce petit cachot où il se trouve logé, j'entends l'univers, il apprenne à estimer la terre, les royaumes, les villes et soi-même son juste prix. Qu'est-ce qu'un homme dans l'infini ¬

Mais pour lui présenter un autre prodige aussi étonnant, qu'il recherche dans ce qu'il connaît les choses les plus délicates. Qu'un ciron lui offre dans la petitesse de son corps des parties incomparablement plus petites, des jambes avec des jointures, des veines dans ces jambes, du sang dans ces veines, des humeurs dans ce sang, des gouttes dans ces humeurs, des vapeurs dans ces gouttes; que, divisant encore ces dernières choses, il épuise ses forces en ces conceptions, et que le dernier objet où il peut arriver soit maintenant celui de notre discours; il pensera peut-être que c'est là l'extrême petitesse de la nature. Je veux lui faire voir là dedans un abîme nouveau. Je lui veux peindre non seulement l'univers visible, mais l'immensité qu'on peut concevoir de la nature, dans l'enceinte de ce raccourci d'atome. Qu'il y voie une infinité d'univers, dont chacun a son firmament, ses planètes, sa terre, en la même proportion que le monde visible; dans cette terre, des animaux, et enfin des cirons, dans lesquels il retrouvera ce que les premiers ont donné; et trouvant encore dans les autres la même chose sans fin et sans repos, qu'il se perde dans ses merveilles, aussi étonnantes dans leur petitesse que les autres par leur étendue; car qui n'admirera que notre corps, qui tantôt n'était pas perceptible dans l'univers, imperceptible lui-même dans le sein du tout, soit à présent un colosse, un monde, ou plutôt un tout, à l'égard du néant où l'on ne peut arriver ¬

Qui se considérera de la sorte s'effrayera de soi-même, et, se considérant soutenu dans la masse que la nature lui a donnée, entre ces deux abîmes de l'infini et du néant, il tremblera dans la vue de ces merveilles; et je crois que sa curiosité, se changeant en admiration, il sera plus disposé à les contempler en silence qu'à les rechercher avec présomption.

Car enfin qu'est-ce que l'homme dans la nature ¬ Un néant à l'égard de l'infini, un tout à l'égard du néant, un milieu entre rien et tout. Infiniment éloigné de comprendre les extrêmes, la fin des choses et leur principe sont pour lui invinciblement cachés dans un secret impénétrable, également incapable de voir le néant d'où il est tiré, et l'infini où il est englouti.

Que l'homme contemple donc la nature entière dans sa haute et plaine majesté, qu'il éloigne sa vue des objets bas qui l'environnent. Qu'il regarde cette éclatante lumière, mise comme une lampe éternelle pour éclairer l'univers, que la terre lui paraisse comme un point au prix du vaste tour que cet astre décrit et qu'il s'étonne de ce que ce vaste tour lui-même n'est qu'une pointe très délicate à l'égard de celui que les astres qui roulent dans le firmament embrassent. Mais si notre vue s'arrête là, que l'imagination passe outre ; elle se lassera plutôt de concevoir, que la nature de fournir. Tout ce monde visible n'est qu'un trait imperceptible dans l'ample sein de la nature. Nulle idée n'en approche. Nous avons beau enfler nos conceptions au-delà des espaces imaginables, nous n'enfantons que des atomes, au prix de la réalité des choses. C'est une sphère infinie dont le centre est partout, la circonférence nulle part. Enfin, c'est le plus grand caractère sensible de la toute puissance de Dieu, que notre imagination se perde dans cette pensée.

Que l'homme, étant revenu à soi, considère ce qu'il est au prix de ce qui est; qu'il se regarde comme égaré dans ce canton détourné de la nature ; et que de ce petit cachot où il se trouve logé, j'entends l'univers, il apprenne à estimer la terre, les royaumes, les villes et soi-même son juste prix.

Qu'est-ce qu'un homme dans l'infini ¬

Mais pour lui présenter un autre prodige aussi étonnant, qu'il recherche dans ce qu'il connaît les choses les plus délicates. Qu'un ciron lui offre dans la petitesse de son corps des parties incomparablement plus petites, des jambes avec des jointures, des veines dans ses jambes, du sang dans ses veines, des humeurs dans ce sang, des gouttes dans ses humeurs, des vapeurs dans ces gouttes ; que, divisant encore ces dernières choses, il épuise ses forces en ces conceptions, et que le dernier objet où il peut arriver soit maintenant celui de notre discours ; il pensera peut-être que c'est là l'extrême petitesse de la nature. Je veux lui faire voir là dedans un abîme nouveau. Je lui veux peindre non seulement l'univers visible, l'enceinte de ce raccourci d'atome. Qu'il y voie une infinité d'univers, dont chacun a son firmament, ses planètes, sa terre, en la même proportion que le monde visible, dans cette terre, des animaux, et enfin des cirons, dans lesquels il retrouvera ce que les premiers ont donné ; et trouvant encore dans les autres la même chose sans fin et sans repos, qu'il se perde dans ses merveilles, aussi étonnantes dans leur petitesse que les autres par leur étendue ; car qui n'admirera que notre corps, qui tantôt n'était pas perceptible dans l'univers, imperceptible lui-même dans le sein du tout, soit à présent un colosse, un monde, ou plutôt un tout, à l'égard du néant où l'on ne peut arriver ¬

Qui se considérera de la sorte s'effraiera de soi-même, et, se considérant soutenu dans la masse que la nature lui a donnée, entre ces deux abîmes de l'infini et du néant, il tremblera dans la vue de ces merveilles ; et je crois que, sa curiosité se changeant en admiration, il sera plus disposé à les contempler en silence qu'à les rechercher avec présomption.

Car enfin qu'est-ce que l'homme dans la nature ¬ Un néant à l'égard de l'infini, un tout à l'égard du néant, un milieu entre rien et tout. Infiniment éloigné de comprendre les extrêmes, la fin des choses et leur principe sont pour lui invinciblement cachés dans un secret impénétrable, également incapable de voir le néant d'où il est tiré, et l'infini où il est englouti.

Disproportion de l'homme.

« Que l'homme contemple donc la nature entière dans sa haute et pleine majesté, qu'il éloigne sa vue des objets bas qui l'environnent. Qu'il regarde cette éclatante lumière, mise comme une lampe éternelle pour éclairer l'univers, que la terre lui paraisse comme un point au prix du vaste tour que cet astre décrit, et qu'il s'étonne de ce que ce vaste tour lui-même n'est qu'une pointe très délicate à l'égard de celui que les astres, qui roulent dans le firmament, embrassent. Mais si notre vue s'arrête là que l'imagination passe outre, elle se lassera plutôt de concevoir, que la nature de fournir. Tout ce monde visible n'est qu'un trait imperceptible dans l'ample sein de la nature. Nulle idée n'en approche, nous avons beau enfler nos conceptions au-delà des espaces imaginables, nous n'enfantons que des atomes, au prix de la réalité des choses. C'est une sphère dont le centre est partout, la circonférence nulle part. Enfin c'est le plus grand caractère sensible de la toute-puissance de Dieu que notre imagination se perde dans cette pensée. Que l'homme étant revenu à soi considère ce qu'il est au prix de ce qui est, qu'il se regarde comme égaré [dans ce canton détourné de la nature] et que de ce petit cachot où il se trouve logé, j'entends l'univers, il apprenne à estimer la terre, les royaumes, les villes et soi-même, son juste prix. Qu'est-ce qu'un homme, dans l'infini ¬ »

Destiné à persuader les hommes de la vérité du christianisme, le projet apologétique de Pascal, dont les Pensées sont la trace inachevée, devait reposer en premier lieu sur un tableau de la condition humaine, et conduire l'homme à s'interroger sur sa nature, son origine et sa destinée. Après avoir montré quel est le souverain bien de l'homme et traité de la soumission et de l'usage de la raison, Pascal s'attache dans la liasse XIV à établir l'excellence de la religion chrétienne. Mais l'homme apparaît plongé dans un désespoir éternel de connaître le principe et la fin des choses, et, signe de cette impuissance, son imagination s'égare, suscitant frayeur et admiration. Pour abaisser sa superbe, le début du fragment 199, essentiellement descriptif, l'invite à considérer une réalité à la fois cosmologique et anthropologique : la disproportion qui règne entre l'homme et la nature, qui empêche celui-ci de connaître l'infinité de celle-là. Pascal emploie pour ce faire une rhétorique de l'effroi mise au service d'une pensée de la totalité et de la finitude, ou de leur disproportion – l'effroi naissant du transport imaginaire en des espaces inconnus. Après avoir invité le lecteur à entreprendre ce voyage cosmique dans le moment d'élévation contemplative qui dirige le début du premier alinéa, Pascal pointe et accuse les limites de l'imagination, pour enfin révéler la condition véritable de l'homme, à la faveur d'un mouvement de retour sur son être intérieur, opéré dans le dernier alinéa.

I. Le regard d'en haut ou le voyage cosmique.

Pascal fait débuter son propos par une injonction adressée à l'homme sur un ton solennel : « Que l'homme contemple donc la nature entière dans sa haute et pleine majesté ». La nature recouvrant notamment les astres peuplant la voute céleste, comme le confirmera la suite de l'extrait, l'apologète nous enjoint ainsi à porter notre regard vers le haut, dans l'objectif de susciter en nous la prise de conscience, par comparaison de notre être vis-à-vis de la totalité de l'être lui-même, de la disproportion qui règne entre ces deux. Pascal aborde ce faisant le thème, classique dans la philosophie antique, du regard d'en haut, par quoi le philosophe, des hauteurs où il s'élève par la pensée, porte un regard en retour sur la terre et sur les hommes pour les juger à leur juste valeur. La première étape du procès contemplatif auquel l'homme se trouve convié consiste donc dans ce moment d'expansion du moi vers le Tout, avant que il ne revienne à lui-même, dans la dernière partie de notre extrait, pour prendre la mesure de ce qu'il est au regard de ce qu'il a contemplé. La contemplation de la nature elle-même est un exercice propre à la majorité des philosophies antiques, mais il faut bien comprendre que Pascal subvertit ici le concept de contemplation, y compris selon la forme qu'il a pu prendre dans le christianisme. Il s'agit certes de prendre en vue la beauté de la nature – beauté qui s'avère dans sa « haute et pleine majesté », au double sens d'étendue et d'excellence, d'immensité et de gloire. Mais en premier lieu, l'envergure proprement démesurée de ce qui est contemplé amènera bientôt à réaliser que la tâche contemplative ne saurait être véritablement menée à son terme ; et surtout, en second lieu, le fragment 199 opère proprement la destruction du concept de contemplation. La contemplation chrétienne est fondamentalement contemplation de Dieu : son objet véritable est, dans la perspective traditionnelle, l'unité de Dieu et des créatures, le logos de toute chose et la présence de toute chose en Dieu – la contemplation établissant une continuité foncière entre le naturel et le surnaturel. Notre extrait interdit une telle unité. Or chez Pascal, comme nous aurons l'occasion d'y revenir, il s'agit de contempler la nature, les choses simples (i.e. les principes), ou encore les infinis (car si ce terme n'apparaît qu'à la fin de notre extrait, c'est pourtant bien de cela qu'il s'agit, quoiqu'en toute rigueur, Pascal traite en réalité de l'indéfini – terme dont on ne trouve aucune occurrence dans les Pensées). L'objet de contemplation n'est pas Dieu ou son infinité, ni même les créatures, ou encore Dieu visible en elles, mais l'infinité de la nature, la nature en tant qu'elle présente une double infinité. Aussi la première phrase de notre extrait n'est-elle pas la prémisse d'une preuve physico-théologique de l'existence de Dieu, i.e. la preuve qui, de l'ordre et de la beauté du monde, en infère la cause intelligente par analogie avec une causalité technique ou artisanale.

C'est en effet ce qu'illustre la particule de coordination « donc », dont la présence au début de notre Pensée pourrait étonner, si l'on ignorait que le fragment 199 doit être lu au regard du fragment 84, dont il constitue le parfait prolongement et avec lequel il s'ajuste exactement. La Pensée 84 porte sur la vérité et l'inutilité de la philosophie naturelle, dont le propos est qualifié avec virulence d'« inutile et incertain et pénible » – ce pourquoi, écrit Pascal provocateur, « nous n'estimons pas que toute la philosophie vaille une heure de peine ». Ce qui est visé ici, c'est la philosophia naturalis, i.e. l'étude objective de la nature et de l'univers physique, donc aussi bien Descartes, dont le nom, qui fournit le sous-titre de cette Pensée, est à l'époque de Pascal le parfait synonyme de « philosophie ». Or Descartes est récurent tout au long du fragment 199. Celui-ci commence à la vérité ainsi (dans un passage raturé par Pascal) : « voilà où nous mènent les connaissances naturelles ». Comme nous aurons l'occasion de le constater, le fragment 199 née pour partie d'un souvenir de l'article 21 des Principia de Descartes, qui établissait que notre monde n'a pas de bornes, précisément parce nous pouvons toujours imaginer, au-delà du monde visible, des espaces infiniment étendus. Le début du §199 est donc né de la considération de la validité de la physique cartésienne. Mais pour que l'homme réalise la tentative de mesurer l'envergure de l'univers, encore faut-il, comme l'écrit Pascal, « qu'il éloigne sa vue des objets bas qui l'environnent ». Le texte opère ce faisant une réduction du champ du regard ou de l'horizon de contemplation, par soustraction des choses les plus proches et, plus généralement, du monde des affaires humaines, ici qualifié de « bas », en un sens sans doute non pas seulement géographique, mais aussi bien moral, et particulièrement dépréciatif. Non pas cependant que le sensible, par sa variabilité et son caractère trompeur, puisse constituer une entrave à la recherche et à la découverte de la vérité, comme cela était le cas chez Descartes : la « bassesse » de l'ici-bas s'oppose en réalité à la majesté de la nature saisie dans sa totalité, et se trouve du côté de la misère dans laquelle sont plongés les hommes depuis le péché originel. Les deux premières phrases de notre extrait engagent ainsi un double mouvement d'orientation et de conversion du regard, corrélé à l'opposition de l'indignité à la majesté, i.e. de la misère à la grandeur, car c'est ici par un simple mouvement du regard qu'il nous est donné de passer de l'un à l'autre. C'est par la direction du regard vers la lumière solaire que le voyage cosmique auquel nous invite Pascal peut vraiment commencer : « Qu'il regarde cette éclatante lumière, mise comme une lampe éternelle pour éclairer l'univers ». La métaphore de la lampe est parfaitement conforme à la lettre de la Genèse – Dieu ayant en effet créé ce « grand luminaire » qu'est le soleil « pour présider au jour » et « éclairer la terre » (1, 15-17). Où l'on comprend l'indignité des objets mondains eu égard à l'astre du jour, sous lequel il n'est en effet « rien de nouveau », comme l'affirmait l'Ecclésiaste – le monde sub-solaire n'abritant que « vanité et poursuite du vent ». Le symbolisme de la lumière solaire exprime au contraire la gloire, l'éclat et la permanence du cosmos, et si l'astre du jour est généralement invoqué dans les Ecritures pour figurer le trône de Dieu, lorsqu'il n'est pas directement assimilé à l'être infini et parfait lui-même, comme dans les Psaumes – il faut bien voir, de nouveau, qu'il ne sert pas ici à une éventuelle preuve physico-théologique, mais bien à manifester l'éminence de ce qu'il est donné à l'homme de contempler de plus excellent en cette vie. Le soleil se peut regarder en face, faut-il dire contre La Rochefoucauld, et tel est bien le défi que l'homme doit ici relever : supporter la pensée de ce qui dépasse toute mesure, ainsi que l'affirme la suite de notre extrait. Evoquant l'extrême petitesse de la terre eu égard à l'orbe du soleil, et de surcroît celle de cette orbe elle-même eu égard au parcours des astres, Pascal s'appui sur la relativité mutuelle des grandeurs pour soulever la question des espaces imaginables, dont l'amplitude exorbitante devrait en effet avoir de quoi étonner : « que la terre lui paraisse comme un point au prix du vaste tour que cet astre décrit, et qu'il s'étonne de ce que ce vaste tour lui-même n'est qu'une pointe très délicate à l'égard de celui que les astres, qui roulent dans le firmament, embrassent ». Il convient cependant de bien saisir la teneur du recours ici opéré au thaumazein, ce pathos proprement philosophique dont nombre de penseurs font depuis les Grecs l'origine ou le point de départ de la philosophie. Les auteurs antiques usaient du terme thaumazein pour marquer ce fait insigne que l'esprit philosophique s'éveille devant un ordre inattendu ou une beauté harmonique insoupçonnée, i.e. nait de l'admiration, ce pourquoi sans doute Descartes, à l'article 53 du Traité des Passions, érigeait celle-ci au rang de « première de toutes les passions ». Mais « étonnement » affectait au XVIIème siècle un sens autrement plus fort, dérivé du terme « tonnerre » : le sens d'un choc ou d'une commotion de l'âme, l'ébranlement d'une psuchè interdite devant le spectacle non pas seulement de ce qui affecte des valeurs positives, mais encore devant ce qui peut susciter l'effroi, sinon l'horreur et l'épouvante. La suite du texte dont est issu notre extrait dira en effet clairement que l'homme « s'effraiera » et « tremblera dans la vue de ces merveilles ». Comme nous aurons l'occasion de le comprendre plus avant, les descriptions cosmologiques auxquelles nous sommes ici confronté, et qui tiennent compte des dernières découvertes astronomiques de l'époque, relèvent donc moins d'une poétique de la simple surprise que d'une rhétorique de l'effroi. Car s'il est difficile de supporter avec détachement l'idée que « par l'espace l'univers me comprend et m'engloutit comme un point » (113), à plus forte raison l'est-il de souffrir l'idée que notre planète puisse paraître telle « un point » au regard de l'orbite solaire, i.e. d'une petitesse hyperbolique et pareille à celle de l'atome épicurien. Mais par un nouveau renversement du pour au contre, Pascal présente l'orbe de l'astre solaire non pas, ainsi que l'on aurait pu sans cela le croire naïvement, comme l'objet propre d'un esprit de géométrie, rompu à la saisie de principes aisément palpables en vertu de leur évidence grossière, mais comme « une pointe très délicate », i.e. subtile et à peine perceptible, donc comme l'objet d'un esprit fin, expert dans l'intuition pénétrante des réalités sises au seuil de l'infime.

II. Limites de l'imagination.

L'imperceptibilité à laquelle se trouve réduite le néanmoins très « vaste tour » que décrit dans le ciel l'astre de jour impose désormais d'abandonner le recours à l'organe de la vue et, partant, la métaphore visuelle qui avait jusqu'alors parcouru notre extrait, car « si notre vue s'arrête là », écrit Pascal, il faut « que l'imagination passe outre ». Mais que l'on ne s'y trompe pas : l'imagination qui vient ici suppléer la contemplation sensible n'est pas la « maitresse d'erreur et de fausseté » que stigmatise le célèbre fragment 44, quoique Pascal l'ait jusqu'alors utilisée dans notre extrait comme instrument de disproportion, propre à amoindrir les plus grandes réalités, selon la puissance que lui reconnaît le fragment 551. Elle doit s'entendre en vérité en son sens cartésien le plus rigoureux, du moins tel qu'il apparaît dans les Méditations et la Dioptrique (car il en va autrement dans le Traité des Passions), i.e. comme cette faculté de « contempler la figure ou l'image d'une chose corporelle », incapable de saisir la complexité d'objets aussi riches en déterminations qu'un chiliogone, selon l'exemple de la Méditation Sixième. Pascal s'inscrit dans cette perspective rationaliste propre au XVIIème siècle, qui accuse la pauvreté de l'imagination relativement à l'intellection, à laquelle elle s'oppose, en raison notamment de la particularité de l'image. C'est donc précisément parce que l'imagination est nécessairement reproductrice, comme dans la Méditation Première de Descartes, qu'elle ne saurait, par sommation progressive de déterminations spatiales, rendre, ni donc épuiser, l'envergure démesurée et proprement infinie de la totalité des lieux : « elle se lassera plutôt de concevoir, écrit Pascal, que la nature de fournir ». De même que la nature empêche « la raison impuissante », dit le fragment 131, « d'extravaguer » au point de verser dans un pyrrhonisme radical, elle empêche ici l'imagination de sortir pour ainsi dire de ses gonds, i.e. de prétendre avec superbe pouvoir enfermer l'immensité de l'univers dans ses produits, à l'égard desquels l'univers s'avère en réalité incommensurable. La disproportion qui apparaît ici ne concerne donc plus les rapports mutuels des éléments physiques du macrocosme, mais l'incommensurabilité de celui-ci à l'égard de notre puissance imaginative, ce pourquoi la fin du fragment évoquera « notre impuissance à connaître les choses » : contre Descartes, il faut affirmer que le fini ne saurait comprendre ou concevoir l'infini. En reprenant la distinction cartésienne opérée dans la Méditation Troisième, il faut soutenir, en effet, que nous pouvons bien intelligere infinitum, connaître qu'il y a un infini, et simultanément ignorer sa nature, non comprehendere infinitum. L'envergure infinie de l'espace étant inaccessible autant à la raison qu'aux sens et à l'imagination, il est donc seulement possible de la suggérer négativement, par réduction au néant de la grandeur maximale offerte à notre regard : « Tout ce monde visible n'est qu'un trait imperceptible dans l'ample sein de la nature ». Cette phrase subsume les différentes disproportions cosmologiques précédemment constatées sous l'espèce de l'unique disproportion de la nature au regard du monde – le monde apparaissant étrangement plus petit que la nature. C'est qu'il faut comprendre, à l'inverse de notre conception physique moderne, le monde comme l'ensemble des phénomènes ou, en termes pascaliens, comme l'ensemble des effets, entendu comme domaine de visibilité, et la nature comme la totalité de ce qui est – à savoir, en termes chrétiens : la Création. Or force nous est de reconnaître l'excès de l'invisible sur ce qui, grâce à l'astre solaire, est livré à notre regard, et c'est la raison pour laquelle le recours au sens visuel rencontre ici ses limites : l'image du « trait imperceptible » seconde désormais celle du « point », non pas seulement parce que toute ligne est une alignée de points, i.e. le monde visible un ensemble d'astres et de planètes, mais encore et surtout parce que, comme l'indique la suite du fragment, « l'univers [est] imperceptible lui-même dans le sein du tout », ou, plus généralement, parce que « le fini s'anéantit en présence de l'infini », selon l'expression célèbre du fragment du pari. Comment, dans ces conditions, parvenir à donner une image fidèle de la réalité des choses ¬ « Nulle idée n'en approche, nous avons beau enfler nos conceptions au-delà des espaces imaginables, nous n'enfantons que des atomes, au prix de la réalité des choses ». Cette résurgence de la disproportion de l'univers eu égard aux projections imaginatives paraît ruiner le projet même de toute cosmologie rationnelle. Par une manière de gradation hyperbolique, Pascal souligne en effet, en premier lieu, qu'aucune représentation intellectuelle (c'est le sens du terme « idée »), fut-elle obscure et confuse, ne saurait, non pas simplement atteindre, mais aussi bien approcher la totalité de l'être du monde, en sorte que la philosophie naturelle, notamment sous sa forme cartésienne, mérite bien à ce titre d'être qualifiée d'incertaine. Il y a donc un anticartésianisme patent du fragment 199 : l'homme naturel est sans lumière, quand, pour Descartes, la lumière naturelle le caractérise. Mais en second lieu, c'est le domaine général de nos « conceptions », i.e. de toutes nos représentations, qu'elles soient théoriques ou sensibles, qui doit désormais reconnaître ses limites : s'il est vrai que le « roseau pensant » du fragment 113 parvient à comprendre l'univers par la pensée, ce n'est sans doute jamais sans réduire l'infinie richesse de ses déterminations à quelque caricature de monde, ou en enflant à outrance ses conceptions, à la façon dont le début du texte invite et mène le lecteur à le faire, précisément pour mieux constater la vanité de cette tentative. L'objectif de notre extrait est en effet, nous y reviendrons, de provoquer l'égarement du lecteur, ou, comme l'indique la suite du texte, que « notre imagination se perde dans cette pensée ». Il n'est proprement aucun passage des idées aux choses : Pascal constitue une expérience de pensée visant à humilier la pensée (selon l'expression du fragment 131 : « Humiliez-vous, raison impuissante »), et ce faisant à agir directement sur le lecteur, de manière non à lui démontrer rationnellement, mais à lui rendre sensible et lui faire sentir intérieurement, comme par le cœur, la misère de sa condition, ici abordée sous l'angle de la finitude de sa condition physique et de celle de sa nature raisonnable. L'image de l'atome est celle d'un imperceptible ou d'un point, et elle reprend à cet égard les métaphores précédentes en les déplaçant du registre de l'univers physique à celui de la pensée, attribuant à celui-ci une qualification en toute rigueur impropre, en raison de l'hétérogénéité de ces deux domaines ; mais elle a néanmoins pour vertu de rendre sensible et palpable combien l'homme, dira la suite de notre fragment, est « infiniment éloigné de comprendre les extrêmes », « incapable de voir […] l'infini où il est englouti ». Or telle est bien l'ironie du discours cosmologique, que les hommes, voulant « arriver jusqu'à connaître tout », « se sont portés témérairement à la recherche de la nature comme s'ils avaient quelque proportion avec elle ». La véritable disproportion est donc bien celle de la présomption humaine, de l'orgueil sous sa forme savante, à savoir la libido sciendi, i.e. la libido du second ordre, le travers des savants et des gens d'esprit. La véritable démesure est de prétendre atteindre à ce qui est sans mesure, car qui ambitionnera de connaître et comprendre l'infini fera montre d'une superbe infinie. Mais faisant fi de notre impuissance foncière à cet égard, Pascal use d'une image pour confondre l'imagination, en sorte qu'elle puisse se figurer à elle-même, mais sur un mode énigmatique, sa propre impuissance à se figurer l'infini : « C'est une sphère dont le centre est partout, la circonférence nulle part ». L'image de la sphère n'est pas nouvelle : elle n'est pas seulement, on le sait, d'origine parménidienne, car la version contradictoire ou paradoxale qu'en propose Pascal a pu être empruntée à Saint Bonaventure (qui l'emploie le premier d'entre les latins au ch. 5 de son Itinéraire de l'âme à Dieu), à Boèce ou encore à Nicolas de Cues, lequel l'appliqua le premier à la fois à Dieu, auquel elle parait en effet convenir parfaitement, mais encore, comme Pascal, au monde physique lui-même. Si l'image s'applique aussi bien à la divinité qu'au cosmos, c'est que les deux représentent par définition l'ensemble de ce qui est et en dehors de quoi rien ne saurait exister, mais lors même que devrait ici résider une dissymétrie, la Création étant selon l'Ecriture essentiellement finie, Pascal choisit au contraire de tirer profit des avancées récentes de la philosophie naturelle, qui font transiter les concepts cosmologiques de la représentation d'un monde clos à celle d'un univers infini. Or l'esprit de finesse à l'origine des Pensées ne pouvant faire taire la voix de l'esprit de géométrie auteur du Traité des coniques, Pascal n'ignore pas qu'une sphère de rayon infinie dispose réellement de son centre partout, donc d'une infinité de centres, et récapitule sa circonférence en une seule valeur radiale, s'il est vrai qu'à quelque endroit de sphère où l'on puisse se trouver, et cela dans toutes les directions de l'espace, une distance infinie nous sépare toujours du périmètre, de manière que, où que l'on se situe, l'on réside inévitablement au centre. En toute rigueur, il ne s'agit donc pas d'une métaphore ; pourtant, le caractère contradictoire des significations que véhicule le mot de Pascal l'empêche aussi bien de se constituer en concept rationnel déterminé : il a plutôt tous les traits d'un schème, d'une procédure générale de construction mathématique. Mais comment donc appliquer le concept d'infini à l'intuition sensible, comme nous invite à le faire Pascal ¬ Peut-être suffirait-il de considérer la condition de l'ego tel que la décrit le fragment 597, le moi étant en effet nulle part en ce qu'il est propre introuvable, et partout en ce qu'il se fait centre de tout. Mais la notion de disproportion étant sans doute chez Pascal héritée de ses travaux mathématiques, la perspective la plus satisfaisante philosophiquement reste malgré tout de confronter le fragment 199 au Traité des coniques, dans lequel Pascal développait, à la suite de Desargues, une vision projective dans l'espace par étude des sections coniques, i.e. la famille des courbes (parabole, hyperbole, ellipse ou antobole) obtenues à partir d'un cône coupé par un plan. Le modèle de vision projective que propose Pascal consiste à placer notre œil au sommet du cône et à lui présenter la circonférence du cercle qui se trouve à sa base : ainsi l'œil pourra-t-il contempler la circonférence du cercle projetée sur le plan d'intersection qui rencontre la surface du cône. La section conique engendrée par le plan sera l'image ou le tableau de la circonférence du cercle, car il y a correspondance terme à terme entre les points de l'une et ceux de l'autre. Or ce modèle permet d'éclairer les rapports mutuels de la nature et de Dieu, la contemplation de la nature devenant l'analogon de la vision de l'œil au sommet du cône : de même que l'œil placé au sommet du cône peut contempler synoptiquement la coïncidence des points du cercle et de ceux de la section conique, et que, dans le cas de la parabole et de l'hyperbole, un point se situe inévitablement à l'infini, de même celui qui possède un regard expert peut-il comprendre, comme l'affirme notre fragment, « que la nature ayant gravé son image et celle de son auteur dans toutes choses, elles tiennent presque toutes de sa double infinité » – infinité qui est notamment celle de la circonférence de la sphère de la nature. Tels des points, des droites et des sections coniques, toutes choses donnent l'image rigoureuse de l'infinité de la nature et permettent de l'approcher par un esprit de géométrie, à défaut de la saisir par l'imagination, qui s'épuise dans cette conception. La disproportion de l'homme et de la nature n'est plus rédhibitoire, car l'infinité de la nature s'inscrit et grave son image dans toute chose. La difficulté est en somme de se hisser à un sommet tel qu'il permette de contempler le monde comme au sommet du cône – point-limite qui ne saurait assurément être localisé spatialement, à la façon d'un lieu empirique, mais seulement dans une pensée philosophique à la puissance élévatrice maximale. Or l'image que propose notre extrait – image d'une sphère cosmologique intrinsèquement contradictoire – a pour vertu funeste de retirer tout repère humain à l'aune duquel il serait permis de s'orienter au sein du monde et de juger de la création. Pascal écrit en effet : « c'est le plus grand caractère sensible de la toute-puissance de Dieu que notre imagination se perde dans cette pensée ». Alors que chez Descartes, se penser comme fini signifie déjà avoir conscience de l'infini, ce sont pour Pascal les limites, ou plus précisément l'égarement de la puissance imaginative dans sa tentative de concevoir l'infini – qui attestent de la présence de Dieu. Mais que l'on se garde cependant d'y voir une preuve métaphysique ou rationnelle de son existence : d'une part en ce que le propos pascalien ne s'appuie ici sur aucune donnée de teneur métaphysique, mais seulement, dans une perspective psychologique, sur la mise en évidence des limites d'une faculté de l'esprit déterminée, et d'autre part en ce que Pascal n'évoque ici en aucune façon une pièce à conviction qui jouerait le rôle de moyen terme dans un raisonnement syllogistique en philosophie naturelle, mais uniquement un « caractère sensible », i.e. un signe ou une marque de reconnaissance, lesquels établissent l'omnipotence divine à la façon d'un fait empirique. Reste que l'on est en droit de se demander ce qui peut autoriser Pascal à conclure des limites de notre imagination à la toute puissance de Dieu, et c'est peut être l'explicitation de ses raisons qui pourrait nous mettre en présence d'un dispositif métaphysique implicite. Car si l'imagination s'égare dans la pensée de la nature, c'est en vertu, nous l'avons vu, de l'infinité de celle-ci ; or seul un être à la puissance infinie, semble vouloir indiquer Pascal, peut être à l'origine d'une création sans borne : ne sommes nous pas ici en présence d'une preuve cosmologique articulée autour de l'opposition du fini et de l'infini ¬ En réalité, la figure de Dieu ici mobilisée semble moins qualifier la divinité que disqualifier l'homme : elle ne sert qu'à discréditer l'ego qui cherche à prouver Dieu. Le fragment 135 annonçait déjà en effet une telle subversion d'une métaphysique des preuves de l'existence de Dieu par une rhétorique de l'effroi. La contemplation de la nature chez Pascal, nous l'avons vu, devient effroi, hyperbole de l'étonnement. En cela même qu'elle est la mise en scène de l'infini, la nature n'est pas le lieu où se prouve Dieu, mais celui où s'éprouve l'effroi de l'ego égaré. Il ne s'agit donc pas de savoir mais de sentir : à l'usage nul de l'évidence des preuves métaphysiques, il faut opposer l'efficace d'un sentir effrayé, comme le fait la dernière partie de notre extrait, qui traite de la condition humaine.

III. La condition humaine.

Le mouvement général du texte est désormais parfaitement inverse de celui-ci amorcé au début de notre extrait – suggérant, voire dessinant par sa forme même la disproportion qui fait sa matière : alors qu'il s'agissait pour l'homme de contempler la nature dans son immensité, de s'échapper au dehors pour s'étendre jusqu'à la totalité des espaces imaginables, ou plutôt inimaginables, il lui faut désormais opérer un mouvement circulaire de retour sur soi, à la faveur d'une conversion réflexive du regard qui objective son être intérieur. « Que l'homme étant revenu à soi considère ce qu'il est au prix de ce qui est » : la discontinuité dans le régime cognitif qu'engage ce jet d'un regard en retour, l'opération de ce tour complet de la conscience sur elle-même – a vocation à susciter l'émergence d'une dimension nouvelle de notre expérience de sujet, i.e. à entrainer une conversion de valeur ou une réévaluation de l'observateur lui-même. Elle appelle en effet à comparer non plus la terre « au prix du vaste tour » que décrit l'astre solaire, ni même nos conceptions imaginatives « au prix de la réalité des choses », mais bien, dans la continuité de ce mouvement d'approche en direction de notre être le plus profond, cet être même « au prix de ce qui est », i.e. au regard de la totalité de l'être. C'est ainsi par l'introduction du thème de la connaissance de soi – thème central dans l'égologie pascalienne – que se découvre, après les termes de « monde », de « nature » et d'« univers », le véritable nom de l'être, entendu dans la simplicité de sa pure présence à la conscience – à savoir : « ce qui est ». Les termes de la comparaison ne sont donc plus, comme dans les différents fragments sur le moi (particulièrement le fragment 978), l'être réel de l'ego et ce qu'il voudrait être ou paraître (y compris à son propre regard), mais ce qu'il est et ce qui est, en sorte que le moi cesse de se faire «

centre de tout » (l'idée générale d'un foyer ontologique organisateur ayant été auparavant récusée). Cette perspective s'offre comme un instrument intellectuel susceptible de contrer les effets pervers du péché originel sur notre perception du monde : la faute ayant provoqué un décentrement de l'homme par rapport à Dieu, dont la figure biblique paradigmatique est sans conteste Caïn, il s'agit désormais de prendre pour centre ce qui affecte une multiplicité infinie de centres. Or le thème du « prix » de l'être, qui parcourt notre extrait, pouvant être abordé par son versant axiologique, il a pour vertu d'introduire celui de la condition de l'homme, et plus précisément d'opposer celle-ci à la majesté de la nature comme la misère à la grandeur. Telle est sans doute le moyen le plus efficace d'abaisser la superbe : « qu'il se regarde comme égaré [dans ce canton détourné de la nature] ». Notons incidemment que la métaphore du « canton détourné de la nature », lequel représente proprement le monde visible, est absente du texte de Lafuma, mais présente dans le texte de Brunschvicg. Elle rappelle le « recoin de l'univers » du fragment précédent notre texte, dont il est très proche – Pascal y soutenant en effet : « en regardant l'univers muet et l'homme sans lumière, abandonné à lui-même, et comme égaré dans ce recoin de l'univers [...] j'entre en effroi ». L'égarement dont il est question dans les deux fragments marque moins le thème de la déréliction, i.e. de la « misère de l'homme sans Dieu », qu'il n'est l'effet direct, nous y reviendrons, de la perte de repère suscité par la contemplation de l'infinité de la nature. Où l'on comprend qu'une telle contemplation, loin d'être un acte de liberté censée conduire à la béatitude ou exempter l'homme de toute crainte, comme le voudrait pourtant la tradition chrétienne, s'impose d'elle-même à l'homme dès lors qu'il s'élève à la pensée de l'univers infini en sa confusion sans repère. En toute rigueur, il ne s'agit donc pas de contemplation mais d'effroi, lequel nie la liberté contemplative. Le fragment 199 est en réalité une reprise du vocabulaire, des exemples et des procédés rhétoriques de Du Vair dans la Sainte philosophie, mais il dévie totalement le sens de la contemplation, laquelle menait chez Du Vair à la béatitude. Il organise bien plutôt la crainte, la provoque et l'amplifie, en vue de faire transiter le lecteur de l'étonnement à l'effroi. Pascal fait fond sur une contemplation sans amour, sans ravissement, sans extase, sans signification mystique. Tenter de prendre la mesure d'un univers pourtant incommensurable, c'est aussi bien apprendre à proportionner notre respect ou notre morgue en raison de la valeur intrinsèque de leurs objets spécifiques, et non plus en fonction de projections imaginatives qui leur attribueraient des qualités d'emprunt : « que de ce petit cachot où il se trouve logé, j'entends l'univers, il apprenne à estimer la terre, les royaumes, les villes et soi-même, son juste prix ». L'univers lui-même n'apparaît pas ici simplement comme une prison, un établissement pénitentiaire clos dans lequel les détenus sont voués à recourir au divertissement pour supporter la vie, astreints à changer perpétuellement d'objet de délassement pour éviter la pensée de leur être ; mais il apparaît en outre aussi étroit et exigüe qu'une simple cellule de ce lieu de détention. Cette image, qui suscitera les railleries de Voltaire dans la 25è de ses Lettres philosophiques, semble chère à

Pascal, dont la présence dans la liasse XII intitulée « Commencement » amène à penser qu'il y voyait une des manières possibles de faire débuter son ouvrage. C'est du reste depuis cette geôle même qu'il nous est donné, au retour d'un voyage imaginaire dans les espaces cosmiques les plus reculés, de prendre la mesure de ce qui nous environne. Tel est donc bien le mouvement général de notre extrait : provoquer l'élévation ou l'expansion de la pensée jusqu'aux réalités visibles et invisibles les plus hautes, afin qu'elle se figure, par son incapacité même à embrasser la totalité des lieux, le caractère dérisoire de l'ici-bas, et qu'à la faveur de ce retour sur la faiblesse de sa condition, elle puisse finalement évaluer d'autant plus lucidement « la terre, les royaumes, les villes et soi-même », comme l'indique Pascal par une précision graduelle des objets de contemplation, qui progresse du contenant vers le contenu. Il ne servirait donc à rien à l'homme d'avoir pour ainsi dire « la tête dans les étoiles », si celles-ci n'éclairaient sa condition, et il serait bien vain de « garder les pieds sur terre », s'il ne dirigeait son regard vers l'infini. Quant à l'apprentissage de l'activité axiologique à laquelle nous invite Pascal (« apprendre à estimer »), il débute et progresse sans doute déjà chez le lecteur attentif de notre fragment, mais il implique également, comme le signalent expressément les Trois discours concernant la condition des grands (notamment le Second Discours), de faire le départ entre les grandeurs naturelles, qui reposent sur des qualités effectives de l'âme et du corps, et les grandeurs d'établissement, lesquelles, à défaut d'être tout à fait arbitraires, reposent sur des conventions socioculturelles. Les unes impliquant un respect naturel, fondé sur l'estime, les autres un respect d'établissement manifesté par de simples marques extérieures, il convient donc de proportionner le type de respect au type de grandeur. Mais quand bien même l'homme parviendrait à faire régner l'harmonie et la juste mesure en ce domaine, une disproportion demeure qui s'avère proprement invincible, et qui ne concerne ni les rapports mutuels des éléments macrocosmiques, ni l'incommensurabilité de l'univers eu égard aux productions imaginatives, mais l'homme lui-même relativement au cosmos, car « Qu'est-ce qu'un homme, dans l'infini ¬ ». Lorsque Pascal résume en une seule proposition les étapes précédemment parcourues par le chemin de sa pensée, il le fait donc sous la forme interrogative : celle d'une question à la fois ontologique et axiologique, i.e. qui concerne aussi bien la condition physique que la misère de l'homme, et qui ne saurait recevoir de réponse immédiate, mais doit prioritairement susciter la surprise et nous laisser interdits, dans l'aposiopèse d'un silence concerté, seule réponse adéquate au « silence éternel de ces espaces infinis » qui alors nous effraient (201). La réponse ne saurait être, après réflexion, que négative, et c'est ainsi qu'elle est donnée par la suite de notre extrait, après reformulation de la question : « Qu'est-ce que l'homme dans la nature ¬ Un néant à l'égard de l'infini ». Car comme l'exprime de façon lapidaire un fragment déjà cité, « le fini s'anéantit en présence de l'infini ». Il faudra attendre la lecture de la suite du texte pour apprendre que cette réponse pèche par son caractère unilatéral : l'état, le status de l'homme, notion au demeurant essentielle au Jansénisme, notamment en ce qu'elle fonde l'architectonique de l'Augustinus – apparaitra alors comme un milieu singulier entre deux abîmes, infiniment éloigné de tout extrême, au point d'être « incapable de voir [...] l'infini où il est englouti ». A la question que Pascal jette dans notre âme comme pour en sonder la profondeur, il est encore bien d'autres façons d'apporter une réponse positive, en faisant valoir par exemple, comme le soutient le fragment 200, que l'homme est tel un roseau pensant, tirant sa faiblesse de sa condition physique et sa grandeur de la force de sa pensée, qui lui donne l'avantage sur un univers essentiellement ignorant de sa propre puissance. Mais la question vise à nous égarer. Plus : à nous faire prendre conscience de notre égarement. Notre égarement, i.e. le désordre dans lequel nous somme jetés ou notre absence de repère et de lieu propre. L'homme n'est pas misérable en raison de sa seule finitude, mais parce que sa finitude est sans fixité, sans assurance. Voir la misère de l'homme, c'est donc voir un regard aveuglé, comme le signale Vincent Carraud dans Pascal et la philosophie. Dans cette perspective, la question se transformer: le regard aveuglé n'est-il pas le regard du désir ¬ « Ces misérables égarés, indique le fragment précédant notre texte, ayant regardé autour d'eux et ayant vu quelques objets plaisants s'y sont donnés et s'y sont attachés ». Le regard de l'égaré est fixé, mais à l'inessentiel – l'attachement étant à la fois le symptôme et l'illusoire remède de l'égarement.

Le commentarisme pascalien a coutume d'opérer de nombreux rapprochements entre le fragment 199 et l'opuscule De l'esprit géométrique, mais ces deux textes sont pourtant loin d'avoir la même fonction : le fragment « disproportion de l'homme » n'a aucune vocation méthodologique, ni épistémologique, et Pascal y fait un usage purement rhétorique, non conceptuellement rigoureux, de la notion d'infini ; l'infini cesse d'être un concept. Une génération sépare Pascal de Descartes, mais cela lui aura suffit à opérer une rupture fondamentale dans l'espistèmè classique. Dans la perspective cartésienne, la représentation était moyen de maitrise, d'appropriation du monde et de réappropriation de soi ; elle devient chez Pascal le lieu où la connaissance connaît ses limites et où le sujet fait l'expérience de sa perte et dissolution. Insuffisante par rapport à la réalité, elle est un obstacle à la connaissance, un principe de décentrement, le lieu de l'aliénation et de l'effondrement de l'idéal de connaissance et de maitrise du monde, lequel excède les limites de la représentation. Comme dans le fragment du pari et celui de la « Différence entre l'esprit de géométrie et l'esprit de finesse », le fragment 199, qui semble naître de la lecture de la seconde partie des Principia de Descartes, reprend techniquement des concepts essentiels du cartésianisme, tels que la distinction entre le fini et l'infini (ou plutôt l'indéfini) ou celle du comprendre et du concevoir ; mais il s'agit pour Pascal de ruiner la métaphysique cartésienne en déconstruisant ses concepts. Si une des difficultés majeures de notre extrait est qu'il ne concerne qu'un seul versant de la réflexion pascalienne sur l'infini : le versant qui concerne l'infini de grandeur, et non l'infini de petitesse – il suffit à manifester le pyrrhonisme relatif de l'auteur en philosophie naturelle : n'entretenant aucune commune mesure avec le tout du monde, l'homme ne saurait le connaître. Pascal apparaît dans notre extrait comme un penseur de la démesure : l'homme n'est pas à la mesure de l'univers qu'il vient de découvrir notamment dans la lunette de Galilée. L'anthropologie pascalienne naît pour partie de ce décentrement qu'à provoqué la révolution copernicienne. Si l'être humain n'est plus au lieu où Dieu l'avait pourtant mis : dans un monde clos — il est perdu dans l'univers. La question de la disproportion ne saurait donc se régler dans les termes de la cosmologie rationnelle : elle invite bien plutôt la volonté à gager pour ou contre l'existence de Dieu. L'argument du pari se présente en effet comme sa véritable réponse, en ce qu'elle constitue le processus pratique d'une pseudo-commensuration ludique du fini et de l'infini : il faut comprendre en définitive que la commensurabilité du fini et de l'infini, impossible dans l'ordre ontologique et gnoséologique, n'est réalisable que dans l'ordre ludique.

Quelle grosseur a l'infini

L'infini est différent d'un nombre normal parce que, par définition, il n'est pas fini. En divisant l'infini par n'importe quel nombre positif (excepté l'infini), nous obtiendrons l'infini. Vous pouvez aussi le multiplier par n'importe quoi excepté zéro (ou l'infini) et il ne sera pas plus grand. Donc, regardons de plus près les différentes sortes d'infinis.

Un mathématicien nommé Georg Cantor créa une nouvelle branche des mathématiques appelée théorie des ensembles vers la fin du 19ème siècle. La théorie des ensembles implique des collections de nombres ou d'objets.

La notion de Cantor sur "la même taille" d'ensembles ne prend pas en considération si les nombres sont plus gros, mais s'il existe la même quantité d'objet à l'intérieur. Vous pouvez voir facilement ici qu'ils sont de même taille, parce que vous pouvez simplement compter le nombre d'éléments dans chaque ensemble. Mais avec un nombre infini d'éléments, vous ne pouvez pas, dans un temps fini, compter tous les éléments d'un ensemble pour voir s'il a le même nombre qu'un autre.

Pour décider si deux ensembles infinis ont le même nombre d'éléments, nous devons réfléchir avec précaution sur ce que nous faisons lorsque nous comptons. Pensons à deux enfants qui se partagent un sac de billes.

"Une pour toi, et une pour moi, deux pour toi et deux pour moi" et ainsi de suite. Ils savent qu'ils auront tous les deux le même nombre de billes parce que la manière de partager l'effectuera. Même s'ils ne savent plus les nombres (s'il ne connaissent pas plus que trente, par exemple), ils pourrons encore se partager les billes avec le même procédé de "une autre pour toi et une autre pour moi".

Nous pouvons utiliser la même idée pour comparer les ensembles infinis. Si nous pouvons trouver une manière d'apparier un élément d'un ensemble A avec un élément d'un ensemble B, et s'il n'existe pas d'élément de A sans partenaire de B et vice versa, alors nous pouvons dire que les ensembles A et B ont le même nombre d'éléments.

L'ensemble des nombres naturels est si utile que tout ensemble qui peut être mis en bijection avec lui est dit infini dénombrable.

Regardons quelques exemples supplémentaires. L'ensemble des entiers est-il infini dénombrable ¬ Les entiers sont l'ensemble N, l'ensemble B et 0.

... -3,-2,-1, 0, 1, 2, 3, ...

L'ensemble des nombres rationnels est plus grand que N

Dans ce chapitre, nous regarderons si nous pouvons trouver un ensemble qui est plus grand que l'infini dénombrable que nous venons d'examiner. Pour illustrer cette idée, nous pouvons imaginer une histoire.

Il était une fois un criminel qui alla en prison. Ce n'était pas un bel endroit, le pauvre criminel rencontra donc le directeur de la prison et lui demanda sa liberté. Il répondit :

"Oh d'accord - Je pense à un nombre, chaque jour tu peux essayer de le deviner. Si c'est correct, tu peux partir."

Maintenant, la question est - le criminel peut-il sortir de lui même de la prison ¬ (réfléchir un peu avant de lire la suite)

Évidemment, cela dépend du nombre. Si le directeur de prison choisit un nombre naturel, alors le criminel suppose 1, le premier jour, 2, le deuxième jour et ainsi de suite jusqu'à ce qu'il trouve le nombre correct. De même pour les entiers, 0 le premier jour, -1 le deuxième jour. 1 le troisième jour et ainsi de suite. Si le nombre est très grand, alors cela peut prendre un long moment pour sortir de prison mais il pourra le faire.

Ce dont à besoin le directeur de prison, c'est de choisir un ensemble qui n'est pas dénombrable de cette manière. Pensez à un axe gradué. Les entiers sont largement espacés. Il existe une quantité de nombres compris entre les entiers 0 et 5 par exemple. Donc, nous devons nous occuper d'ensemble plus denses. Le premier exemple qui vient en tête à la plupart des gens est celui des fractions. Il existe un nombre infini de fractions entre 0 et 1 donc assurément, il existe plus de fractions que d'entiers ¬ Est-il possible de dénombrer les fractions ¬ Imaginons cette possibilité un instant. Si nous essayons de dénombrer toutes les fractions entre 0 et 1 puis entre 1 et 2 et ainsi de suite, nous allons être bloqués parce que nous n'aurons jamais fini de compter celles qui précèdent 1 (il en existe une infinité). Mais cela veut-il dire qu'elles sont non-dénombrables ¬ Pensez à la situation avec les entiers. Les ordonner ...-2, -1, 0, 1, 2, ... les rendaient impossibles à dénombrer, mais les réordonner 0, -1, 1, -2, 2, ... permettait de les compter.

En fait, il existe une manière d'ordonner les fractions pour permettre de les dénombrer. Avant d'aller plus avant, revenons à un langage mathématique normal. Les mathématiciens utilisent le terme nombre rationnel pour définir ce que nous avons appelé fractions. Un nombre rationnel est n'importe quel nombre qui peut être écrit sous la forme p/q où p et q sont des nombres entiers. Ainsi, 3/4 est rationnel comme l'est -1/2, l'ensemble des nombres rationnels est généralement noté Q parce que tout entier peut être divisé par 1, pour le rendre rationnel. C.a.d. le nombre 3 peut être écrit sous la forme p/q comme 3/1.

$$1/8 = 0,125$$

ou avec une répétition de séquence :

$$1/11 = 0,0909090909......$$

Imaginez que vous mesuriez un livre. Si vous utilisez une règle, vous obtenez 10 cm. Si vous faites plus attention et lisez les mm, vous obtenez 10,2 cm. Vous pourriez aussi être plus précis et utiliser un pied à coulisse et obtenir 10,235 cm. Avec un microscope électronique, vous obtiendriez 10,235823 cm et ainsi de suite. En général, le développement décimal de toute mesure réelle sera une liste de chiffres qui apparaitra complètement aléatoire.

Maintenant, imaginez que vous mesuriez un livre et que vous trouvez 10,101010101010 cm. Vous seriez surpris, non ¬ Mais, ceci est exactement la sorte de résultat que vous auriez si la longueur du livre était rationnelle. Les nombres rationnels sont denses (vous les trouvez sur tout un segment), infinis, mais encore beaucoup, beaucoup plus rares que les nombres réels.
Comment pouvons-nous démontrer que R est plus grand que Q.

Nous avons fait ce que nous voulions. Nous avons construit un nombre qui est dans R est plus grand que n'importe quelle liste. Il ne peut pas être listé. Il n'est pas dénombrable. Il est infini plus grand que Q. Existe-t-il des infinis plus grands?

Ils existent mais ils sont difficiles à décrire. L'ensemble de toutes les combinaisons possibles de n'importe quel nombre de nombres réels est un infini "plus grand" que R . Néanmoins, imaginer un tel ensemble embrouille l'esprit. Regardons à la place un ensemble qui semblerait plus grand que R mais qui ne l'est pas.

Rappelez-vous R ' que nous avons défini plus tôt comme l'ensemble des nombres sur un segment compris entre 0 et 1. Considérons l'ensemble de tous les nombres dans le carré entre les points du plan [0,0] et [1,1]. Au premier abord, il semblerait évident qu'il doit y avoir beaucoup plus de points sur le carré qu'il en existe sur une ligne. Mais, en mathématiques transfinies, l'"évident" n'est pas toujours vrai et la démonstration est la seule manière de le voir. Cantor dépensa trois années à essayer de démontrer que c'était vrai mais il échoua. Sa raison pour l'échec était la meilleure possible. C'est faux.

Chaque point dans ce carré est défini par deux nombres, l'abscisse et l'ordonnée; x et y tous deux le long de R. Considérons un point du segment. 0 , a 1 a 2 a 3 a 4. Pouvez-vous penser à une manière d'utiliser ce seul nombre pour définir un point dans le carré ¬ De même, pouvez-vous penser à une manière de combiner les deux nombres x = 0 , x 1 x 2 x 3 x 4 pour définir un point sur le segment ¬ (penser à cela avant de lire la suite)

Une manière de le faire est de prendre

a 1 = x 1
a 2 = y 1
a 3 = x 2
a 4 = y 2
.

Ceci définit une bijection entre les points du carré et les points du segment.

Exercices

Démontrer que le nombre de points dans un cube est le même que le nombre de points sur l'un de ses cotés.

L'hypothèse du continu

Nous finirons le chapitre sur les ensembles infinis en jetant un coup d'œil à l'hypothèse du continu. Cette hypothèse établit qu'il n'existe pas d'infini entre les nombres naturels et les nombres réels. Cantor inventa un système de nombres pour les nombres transfinis. Il appela le plus petit infini ¬ 0 , puis le plus grand suivant et ainsi de suite. Il est facile de démontrer que le cardinal de N.

D'une autre manière, l'hypothèse établit que :

Il n'existe pas d'ensemble infini plus grand que l'ensemble des nombres naturels mais plus petit que l'ensemble des nombres réels.

L'hypothèse est intéressante parce qu'il a été démontré que "Il n'est pas possible de démontrer que l'hypothèse est vraie ou fausse, en utilisant les axiomes normaux de la théorie des ensembles".

Annonce des axes

I. Evocation imagée et progressive des deux infinis
1. L'infiniment grand
2. L'infiniment petit
3. L'infiniment grand contenu dans l'infiniment petit

II. L'argumentation
1. Pascal, guide du lecteur
2. Vers un Dieu caché

Commentaire littéraire

I. Evocation imagée et progressive des deux infinis

1. L'infiniment grand

* D'abord ce que l'homme voit
* Ensuite ce que l'homme imagine
* Amplification progressive
* Hyperbole
* Le fait de prendre l'homme comme point de référence
(que l'Homme contemple, ...) souligne la petitesse de
celui-ci par rapport au Cosmos

2. L'infiniment petit

* Présenté comme un autre prodige
* On part du ciron (petit acarien parasite du fromage), qui est décomposé jusqu'à ne plus être sécable (gradation + ANADIPLOSE)
* Sollicitation de l'imagination : concevoir un autre univers dans le ciron lui même
* L'ordre d'énumération est inversé par rapport à l'ordre de description de l'infiniment grand.
* L'homme se sent un « colosse » / « un monde » / « un tout à l'égard du néant »

3. L'infiniment grand contenu dans l'infiniment petit

* Mêmes mots pour évoquer l'infiniment petit et l'infiniment grand (immensité, univers, terre).

Le lecteur éprouve un vertige, perdu entre les deux infinis, il sera enclin à chercher un réconfort.

* L'homme est dans une situation inconfortable au centre de l'infini.
* Le vertige est accentué par hyperbole/ énumération/ paradoxe (C'est une sphère dont le centre est partout, la circonférence nulle part -> paradoxale pour un mathématicien)

* Texte présenté comme une dramatisation progressive : de l'admiration (majesté, délicate lumière) à l'effroi (néant, trembler, s'effrita)
* Les choses sont cachées (Dieu) (secret impénétrable, fin et principe des choses cachés)
* Pascal pousse l'homme à chercher un réconfort en Dieu.
La raison de l'homme est rabaissée pour favoriser l'adhésion aux faits.

Conclusion

Pascal cherche, grâce à son art de la persuasion, à évoquer la disproportion de l'homme par rapport au monde qui l'entoure. Il l'incite donc à se réfugier dans la foi.

D'une bibliographie surabondante, nous ne retenons ici que des ouvrages susceptibles de faciliter la lecture de Pascal.

Ouvrages généraux

BELNA Jean-Pierre, La notion de nombre chez Dedekind, Cantor et Frege, Paris, Vrin, 1996.

BOLZANO Bernard, Les paradoxes de l'infini, éd. H. Sinaceur, Paris, Seuil, 1993.

CANTOR Georg, Sur les fondements de la théorie des ensembles transfinis, Paris, Gabay, 1989.

COUTURAT Louis, De l'infini mathématique, Paris, Blanchard, 1973.

DEDEKIND Richard, La création des nombres, éd. H. Sinaceur, Paris, Vrin, 2008.

GARDINER A., Infinite processes. Background to analysis, New York, Springer-Verlag, 1982.

GILBERT Thérèse, et ROUCHE Nicolas, La notion d'infini. L'infini mathématique entre mystère et raison, Paris, Ellipses, 2001.

GUICHARD Jacqueline, L'infini au carrefour de la philosophie et des mathématiques, Paris, Ellipses, 2000.

MONNOYEUR Françoise, Infini des mathématiciens, infini des philosophes, Paris, Belin, 1992.

RUSSELL Bertrand, Introduction à la philosophie mathématique, Paris, Payot, 1970, p. 102 sq.

RUSSELL Bertrand, La méthode scientifique en philosophie, Paris, Payot, 1971.

VERDIER Norbert, L'infini en mathématiques, Paris, Flammarion, 1997.

Certaines revues proposent des numéros spéciaux qui facilitent l'accès aux problèmes relatifs à l'infini.

Les infinis, Pour la science, n° 278, décembre 2000.

Comprendre l'infini, Science et avenir, Hors-série, n° 105 mars 1996.
L'infini autour de Pascal

ARISTOTE, Physique, III, 204, éd. Couloubaritsis, Paris, Vrin, 1999, p. 136 sq.

BLAY Michel et HALLEUX Robert, La science classique, XVIe-XVIIIe siècle. Dictionnaire critique, article Infini (M. Blay), Paris, Flammarion, 1998, p. 563-571.

BRUNO Giordano, De l'infini, de l'univers et des mondes, in Œuvres complètes, IV, éd. G. Aquileccia, Paris, Belles Lettres, 1995.

CHÂTELLIER Louis, Les espaces infinis et le silence de Dieu, Science et religion, XVIe-XVIIe siècle, Paris, Aubier-Flammarion, 2003.

DEL PRETE, Bruno, l'infini et les mondes, Paris, Presses Universitaires de France, 1999.

DUHEM Pierre, Le système du monde, Histoire des doctrines cosmologiques de Platon à Copernic, VII, Paris, Hermann, 1956.

HEATH Thomas, Mathematics in Aristotle, Bristol, Thoemmes Press, 1998.

KOYRÉ Alexandre, Du monde clos à l'univers infini, Paris, Gallimard, 1973.

LARDIC Jean-Marie (dir.), L'Infini entre science et religion au XVIIe siècle, Paris, Vrin, 1999.

MANCOSU Paolo, Philosophy of mathematics and mathematical practice in the seventeenth century, Oxford, 1996.

NICOLAS DE CUES, De la docte ignorance, éd. Moulinier, Paris, Presses Universitaires de France, 1930.

SEIDENGART Jean, Dieu, l'univers et la sphère infinie. Penser l'infinité cosmique à l'aube de la science classique, Paris, Albin Michel, 2006.

SEIDENGART Jean, "Petite histoire de l'infini. Les infinis en question", in Sciences et avenir, Hors série, n° 105, mars 1996, p. 6-8.

THOMAS D'AQUIN, Somme théologique, Ia. Q. 1-11, tr. Sertillanges, p. 186 sq. Question 7, De l'infinité de Dieu. Article I, Dieu est-il infini ¬, p. 186.

Ouvrages relatifs à l'infini chez Pascal

CARRAUD Vincent, Pascal et la philosophie, Paris, Presses Universitaires de France, 1992, p. 426 sq.

DESCOTES Dominique, Blaise Pascal. Littérature et géométrie, Clermont-Ferrand, Presses Universitaires Blaise Pascal, 2001.

DESCOTES Dominique, "Espaces infinis égaux au fini", in Le grand et le petit, CRDP, Clermont-Ferrand, 1990, p. 41-67.

GARDIES Jean-Louis, Pascal entre Eudoxe et Cantor, Paris, Vrin, 1984.

L'œuvre scientifique de Pascal, Centre International de synthèse, Paris, Presses Universitaires de France, 1964 (articles de P. Costabel, R. Taton et F. Russo).

MARION Jean-Luc, Sur le prisme métaphysique de Descartes, p. 308 sq.

MERKER Claude, Le chant du cygne des indivisibles. Le calcul intégral dans la dernière œuvre scientifique de Pascal, Presses Universitaires Franc-Comtoises, 2001.

PIGNAGNOLI Sante, "L'uome e l'infinito nel Cusano e in Pascal", Cusano e Galileo, Padoue, CEDAM, Casa Editrice Dott. Antonio Milani, 1964, p. 53-70.

RIBÉRY Ch., De infinito apud Pascalium, Insulae, apud bibliopolas Le Bigot, 1903.

ROMEO Maria Vita, Il numero e l'infinito. L'itinerario pascaliano dalla scienza alla filosofia, Catania, Cooperative Universitaria Catanese di Magisterion 2004.

L'infini dans l'Antiquité

GARDIES Jean-Louis, Pascal entre Eudoxe et Cantor, Paris, Vrin, 1984.

Aristote sur l'infini

ARISTOTE, Physique, III, 204, éd. Couloubaritsis, Paris, Vrin, 1999, p. 136 sq.

ARISTOTE, De coelo, éd. P. Moraux, Paris, Belles Lettres, 1965, p. LX, Bibliographie.

DUHEM Pierre, Le système du monde, I, p. 177 sq.

GARDIES Jean-Louis, Pascal entre Eudoxe et Cantor, p. 21 sq. L'infini n'est qu'en puissance, simple possibilité d'aller toujours au delà ; ne pas le concevoir comme une totalité : p. 21. Rapport avec Archimède : p. 21-22.

BENEDETTI, Diversarum speculationum liber, p. 181. Utrum bene Aristoteles senserit de infinito.